ईश्वर की कहानियाँ

विष्णु नागर

जन्म : 14 जून 1950। बचपन और छात्र जीवन शाजापुर (मध्यप्रदेश) में बीता। 1971 से दिल्ली में स्वतन्त्र पत्रकारिता शुरू की। 'नवभारत टाइम्स' में पहले मुम्बई और बाद में दिल्ली में विशेष संवाददाता सहित विभिन्न पदों पर 1974 से 1997 के आरम्भ तक रहे। इस बीच 1982 से 1984 तक जर्मन रेडियो 'डोयचे वैले' में सम्पादक रहे। 1997 से 2002 तक 'हिन्दुस्तान' (दैनिक) के विशेष संवाददाता। 2003 से 2008 तक हिन्दुस्तान टाइम्स ग्रुप की पत्रिका 'कादंबिनी' के कार्यकारी सम्पादक रहे। इस समय दैनिक 'नई दुनिया' से संबद्ध।

प्रकाशित पुस्तकें : 'मैं फिर कहता हूँ चिड़िया', 'तालाब में डूबी छह लड़कियाँ', 'संसार बदल जाएगा', 'बच्चे, पिता और माँ', 'कुछ चीजें कभी खोई नहीं', 'हँसने की तरह रोना' (कविता संग्रह); कवि ने कहा (प्रतिनिधि कविताओं का संकलन); 'आज का दिन', 'आदमी की मुश्किल', 'कुछ दूर', 'ईश्वर की कहानियाँ', 'आख्यान' 'रात-दिन', तथा 'बच्चा और गेंद' (कहानी संग्रह); 'जीव-जन्तु पुराण', 'घोड़ा और घास', 'राष्ट्रीय नाक', 'नई जनता आ चुकी है' तथा 'देश-सेवा का धंधा', 'भारत एक बाज़ार है' (व्यंग्य-संग्रह); 'आदमी स्वर्ग में' (उपन्यास); 'हमें देखती आँखें', 'आज और अभी', 'यथार्थ की माया' 'आदमी और उसका समाज' तथा 'अपने समय के सवाल' (लेख-निबन्ध-संग्रह)। साहित्यिक लेखों-निबन्धों-समीक्षाओं की पुस्तक 'कविता के साथ-साथ'।

'सहमत' के लिए धर्मनिरपेक्ष रचनाओं के तीन संकलनों तथा 'रघुवीर सहाय' पुस्तक का सम्पादन असद ज़ैदी के साथ। सुदीप बनर्जी की प्रतिनिधि कविताओं के संकलन का सम्पादन लीलाधर मंडलोई के साथ। 'बोलता लिहाफ' (श्रेष्ठ कथाकारों की कहानियों का संकलन) का सम्पादन मृणाल पांडेय के साथ।

इसके अलावा नवसाक्षरों के लिए कई पुस्तकें लिखीं तथा तथा सम्पादित कीं।

पुरस्कार-सम्मान : 'कथा' संस्था का अखिल भारतीय कथा पुरस्कार, हिन्दी अकादमी, दिल्ली का 'साहित्य सम्मान', कविता के लिए 'शमशेर सम्मान' मध्य प्रदेश सरकार का 'शिखर सम्मान' तथा व्यंग्य के लिए 'व्यंग्य श्री' सम्मान आदि।

पता : ए-34, नवभारत टाइम्स अपार्टमेंट्स, मयूर विहार, फेज-I, दिल्ली-110 091
मोबाइल : 9810892193

आवरण-चित्र : मंजीत बावा

दिल्ली स्कूल ऑफ आर्ट एवं लंदन स्कूल ऑफ पेंटिंग में छात्र रहते हुए पट्ट-चित्रकार के रूप में लंदन में 1967-71 तक काम किया। लंदन और स्पेन में कई एकल प्रदर्शनियों के अतिरिक्त देश-विदेश की कई कला-प्रदर्शनियों में भागीदारी। सैलोज प्राइज, 1963; नेशनल अवार्ड और रूपंकर, भोपाल, 1980; प्रथम भारत भवन अवार्ड, 1986 से सम्मानित। इनकी कृतियाँ नेशनल गैलरी ऑफ मॉडर्न आर्ट, ललित कला अकादमी, भारत भवन तथा अमरीका व स्विट्ज़रलैंड के कई संग्रहालयों में संग्रहीत हैं।

विष्णु नागर

ईश्वर की कहानियाँ

राजकमल पेपरबैक्स

राजकमल पेपरबैक्स में
पहला संस्करण : 1997
पाँचवाँ संस्करण : 2015

राजकमल पेपरबैक्स : उत्कृष्ट साहित्य के जनसुलभ संस्करण

राजकमल प्रकाशन प्रा. लि.
1-बी, नेताजी सुभाष मार्ग, दरियागंज
नई दिल्ली-110 002
द्वारा प्रकाशित

शाखाएँ : अशोक राजपथ, साइंस कॉलेज के सामने, पटना-800 006
पहली मंज़िल, दरबारी बिल्डिंग, महात्मा गांधी मार्ग, इलाहाबाद-211 001
36 ए, शेक्सपियर सरणी, कोलकाता-700 017

वेबसाइट : www.rajkamalprakashan.com
ई-मेल : info@rajkamalprakashan.com

बी.के. ऑफसेट
नवीन शाहदरा, दिल्ली-110 032
द्वारा मुद्रित

मूल्य : ₹ 150

ISHWAR KI KAHANIYAN
Satires by Vishnu Nagar

ISBN : 978-81-267-0783-6

ईश्वर की कहानियाँ

ईश्वर जब धरती पर आए तो उनके सामने समस्या पैदा हुई कि पहनें क्या? कृष्ण के वस्त्र धारण करें या राम के? राम के पहनें तो कृष्ण-भक्त नाराज़ और कृष्ण के पहनें तो रामभक्त। बौद्धों के वस्त्र पहनकर घूमें तो हिन्दू क्रुद्ध। नंगे रह नहीं सकते और रहें तो दिगम्बर जैन मान लिए जाने का खतरा, जिससे कि श्वेताम्बर नाखुश। ईश्वर होकर धोती-कुर्ता, पैंट-शर्ट पहनना भी उन्हें हास्यास्पद लगा, क्योंकि तब उन्हें ईश्वर के रूप में पहचानता कौन? काफी माथापच्ची की। रातों की नींद हराम की और दिन का चैन बर्बाद किया। जब कुछ समझ में न आया और सामने से एक गाय गुजरी तो उन्हें लगा कि आदमी से तो जानवर ही अच्छा। पहनने-ओढ़ने की समस्या तो कम-से-कम उसे नहीं!

एक बार तो वे इतने अधिक निराश हुए कि उनके मन में आया कि वापिस स्वर्ग चलें। लेकिन संयोग से उस दिन उनकी निगाह महात्मा गाँधी की एक आदमकद प्रतिमा पर पड़ गई। नंगा बदन और घुटने तक धोती पहने गाँधी उन्हें अपने लिए आदर्श लगे। ईश्वर को इतना ही सादा होना चाहिए, यह विचार उनके मन में आया। उन्होंने एक सादी-सी धोती खरीदी और सस्ती-सी चप्पल। सिर भी मुड़ा लिया लेकिन चश्मा नहीं पहना और लाठी नहीं ली, ताकि महात्मा गाँधी न लगें।

लेकिन फिर भी वे जहाँ जाते, बच्चे उनके पीछे लग जाते। गाँधी बाबा आए, गाँधी बाबा आए, चिल्लाते। बूढ़े और औरतें यह दृश्य देखकर हँसे। जवान मुस्कुराए। युवतियाँ खिलखिलाईं।

एक ही दिन में वह ऐसा तमाशा बन गए कि उन्होंने महात्मा गाँधी की सादगी का अनुकरण करने से कान पकड़ लिए।

अगले दिन उन्होंने कुर्ता-पायजामा पहना। सबकुछ ठीक रहा। लेकिन वह रामनवमी का दिन था। एक मन्दिर के आगे बहुत भीड़ देखी तो उत्सुकतावश वह भी उस ओर बढ़े। वहाँ बहुत धक्कामुक्की हो रही थी।

ईश्वर को बार-बार धक्के खाने, लड़खड़ाने, दूसरों पर गिरने, गालियाँ खाने का अभ्यास तो था नहीं, इसलिए अपने भक्तों के विपरीत वह जल्दी घबरा गए। भीड़ से किसी तरह अपनी जान छुड़ाकर वह बढ़ चले मन्दिर की ओर। सबसे कहने लगे, 'मुझे जाने दो।' लेकिन जाने कौन देता? एक नेतानुमा आदमी ने कहा, 'अबे ओ, जाने दे के बच्चे, पीछे हट। हम बेवकूफ हैं जो इतनी देर से धक्के खा रहे हैं। बड़ा लाट साहब बना फिरता है। पीछे हट और लाइन में लग।'

ईश्वर ने कभी इस तरह की भाषा नहीं सुनी थी। वह इस अपमान से काँप गए। उनकी आँखें गीली हो गईं मगर तुरन्त उन्होंने स्वयं को सँभाला। उन्होंने कहा, 'भई, मैं वही ईश्वर हूँ जिसके दर्शनों के लिए तुम इतने उतावले हो रहे हो। तुम मूर्ति के दर्शन के लिए तो धक्कामुक्की कर रहे हो और मैं तुम्हारे सामने साक्षात् खड़ा हूँ और मुझसे बदतमीजी कर रहे हो? अबे-तबे पर उतर आए हो?'

जिनका नम्बर दर्शन के लिए आ गया था, वे तो यह सब बिना सुने पूजा-अर्चना के लिए मन्दिर के भीतर चले गए मगर जिनका नहीं आया, वे यह सुनकर एक-दूसरे को देख हँसने और आनन्द लेने लगे। कुछ कहने लगे, 'पागल है, इसके मुँह क्यों लगते हो।' एक ने ईश्वर से कहा, 'ऐ गंजू, तू अब यहाँ से चलता-फिरता दिख तो। दुबारा तेरे मुँह से यह बात निकली तो साले का सिर फोड़ देंगे। तू समझता क्या है अपने-आपको? दो पड़ेंगे तो ज़मीन पर आन गिरेगा। भग!'

ईश्वर चूँकि ईश्वर थे और आदमी के स्तर तक आ नहीं सकते थे, इसलिए वे उस जगह से चुपचाप, सिर झुकाए चल दिए। लेकिन उन्हें इस बात का मलाल था कि हज़ारों में से एक ने भी उन्हें पहचाना नहीं, जबकि सबके सब उनके भक्त थे और मैं खुद इन्हें बता रहा था कि मैं ईश्वर हूँ।

इस घटना के बावजूद वे निराश नहीं हुए। कुर्ता-पायजामा पहनकर घूमते रहे। लेकिन जो रास्ते में मिलता, उन्हें नेताजी कहता। वे सुनते-सुनते थक गए। एक दिन पैंट-शर्ट पहना तो सब उन्हें बाबूजी कहने लगे। सूट-बूट पहना तो साहब कहने लगे। भगवा पहना तो 'जय श्रीराम' कहने लगे। मोर-मुकुट पहना, पीतांबर धारण किया, मुरली होंठों पर रखी, जटा बाँधी, धनुष धारण किया, खड़ाऊ पहनी, तो बहुरूपिया कहने लगे।

हर दिन उन्होंने वेश बदला। व्यवहार बदलकर देखा मगर किसी ने उन्हें ईश्वर नहीं माना। एक दिन उन्होंने भीड़ में अपना असली रूप दिखाया तो लोग कहने लगे, 'यह तो बहुत बढ़िया जादूगर है, फिर भी इसकी कद्र नहीं। सड़क पर जादू दिखाता फिरता है। बेचारा, बदकिस्मत है।'

हारकर उन्होंने स्वर्ग वापिस जाना तय किया। लेकिन तब तक किसी ने पृथ्वी और स्वर्ग के बीच की नसैनी खिसका दी थी। सो मजबूरन ईश्वर पृथ्वी पर ही रच और बस गए।

❑❑❑

वैसे तो ईश्वर घट-घटवासी हैं, कण-कण में समाए हैं, चराचर जगत में व्याप्त हैं इसलिए रहने की जगह की उनके लिए क्या कमी! लेकिन जब वे सशरीर इस धराधाम पर आए तो उनके सामने यह सवाल उठा कि रात्रि-विश्राम कहाँ करें। उन्होंने सोचा मेरा अधिकृत आवास मन्दिर है, वहीं रहना ठीक होगा। किसी का कोई उपकार क्यों लें। हर कोई उपकार की तगड़ी कीमत माँगता है।

लिहाजा वे एक मन्दिर में गए। वहाँ शाम की अन्तिम आरती हो चुकी थी और पुजारीजी महाराज हाथ में ताला लिये मन्दिर का मुख्य द्वार बन्द करके स्वगृह प्रस्थान करने की तैयारी में थे।

इतने में ईश्वर, पुजारीजी ने पास पहुँचे। उन्होंने पूर्व भूमिका बनाए बगैर कहा, 'मैं ईश्वर हूँ। सोचता हूँ आज रात्रि विश्राम यहीं करूँ।'

बिचारे पुजारीजी ने कभी सोचा भी नहीं था कि जीवन में उन्हें कभी ईश्वर के दर्शनों का लाभ होगा और वह भी इस तरह से! 'क्या जाने किस भेस में बाबा, मिल जाए भगवान रे' गाना इतना ज़्यादा पुराना पड़ चुका था कि पुजारीजी को तुरन्त वह याद नहीं आया। इसलिए उन्होंने सहज आत्मविश्वास से पूछा, 'क्या नाम बताया भैयाजी आपने अपना! क्षमा करें, कुछ ऊँचा सुनता हूँ!'

ईश्वर ने उनके कान के पास जाकर दो बार जोर से कहा, 'ईश्वर! ईश्वर!!'

पुजारीजी ने कहा, 'कौन से ईश्वर? पूरा नाम नहीं बताया भैयाजी आपने! कहीं आप बासौदावाले बनवारीलाल शर्मा के ज्येष्ठ पुत्र ईश्वरीशरण शर्माजी तो नहीं! बनवारीलालजी मेरे गुरु भाई हैं। अगर आप उनके बेटे हों तो चलिए घर। वहाँ आपको असुविधा तो होगी मगर मन्दिर भी भला कोई सोने की जगह है! रूखा-सूखा भोजन भी प्राप्त कीजिए। चलिए।'

ईश्वर, ईश्वर थे। अनुभवी थे। उन्हें क्रोध नहीं आया। परम शान्तिभाव से उन्होंने निवेदित किया, 'श्रीमान् मैं ईश्वरीशरण शर्मा नहीं, ईश्वर हूँ, ईश्वर! आप तो स्वयं ईश्वरभक्त हैं। इससे अधिक अपना परिचय आपको क्या दूँ। फिर भी मैं बता दूँ कि मैं वही ईश्वर हूँ जिसका यह मन्दिर है। मैं वही ईश्वर हूँ जिसकी पूजा-अर्चना से आपकी आजीविका चलती है। मैं वही ईश्वर हूँ जिसकी आरती आपने अभी-अभी उतारी है और कलाकन्द का भोग लगाया है। अब तो समझे न आप!'

लेकिन पुजारीजी पुराने, घिसे हुए प्राणी थे। इतनी आसानी से उन्हें 'समझाया' नहीं जा सकता था। वे भी ठंडे दिमाग के आदमी थे। बोले, 'भैयाजी, (मूर्ति दिखाकर) अपने ईश्वर तो ये हैं। इनकी हम पर अतीव कृपा है। बाकी किसी ईश्वर को हम नहीं मानते। साक्षात् ईश्वर को भी नहीं। अच्छा भैयाजी, प्रणाम। शीघ्रता में हूँ। आप भी प्रस्थान कीजिए। नज़दीक दीनदयाल दीमबन्धु धर्मशाला है लेकिन एक समस्या है वहाँ। गद्दों-तकियों में खटमल हैं। बाकी आराम है। प्रायः नहाने के लिए गर्म पानी भी मिल जाता है। सिर्फ दो रुपए लेते हैं। अच्छा भैयाजी प्रणाम। चलता हूँ। बेटी को तीन दिन से ज्वर है। वैद्यजी के पास जाना है। प्रणाम। कोई गलती हुई तो क्षमा करें।'

ईश्वर संस्कारी प्राणी थे। उन्होंने पुजारीजी से कहा, 'पंडितजी, पाँय लागूँ!'

पुजारीजी ने कहा, 'खुश रहो बच्चा।' यह कहकर वह सरपट भागे और 'बच्चा' खुश रहने के लिए धर्मशाला की खोज में चल दिया।

□□□

पृथ्वी पर अवतरण से पहले ईश्वर का ख्याल था कि रथ धरती का सबसे तेज वाहन है। लेकिन एक बार वह किसी भक्त की कार में बैठे तो उन्हें उसकी गति से इतना डर लगा कि वह ड्राइवर की मिन्नत करके एक निर्जन स्थान पर उतर गए।

उन्हें रेलों और हवाई जहाजों से सफर करना सीखने में काफी वक़्त लगा।

□□□

ईश्वर आज ही उस शहर में आए थे। शाम का समय था। घूमने निकले थे। रास्ता भटक गए और उस धर्मशाला में नहीं पहुँच पाए, जहाँ वह ठहरे थे। ईश्वर होकर उन्हें रास्ता पूछना ठीक भी नहीं लग रहा था।

वह भटकते-भटकते एक चौराहे पर पहुँचे, जहाँ एक सभा में एक वक्ता कह रहा था, 'ईश्वर के बताए रास्ते पर चलो...'

ईश्वर चीखे, 'कभी मत चलो। वह दूसरों को भले रास्ता दिखाता है मगर खुद धर्मशाला तक का रास्ता भूल जाता है।'

इस तरह का हादसा उनके साथ एक बार दिल्ली में भी हुआ। गर्मी के दिन थे। प्यास लग आई थी। आसपास प्याऊ थी नहीं। ठंडे पानी की गाड़ीवाले के पास पहुँचे तो उसने गिलास भरने से पहले पूछा, 'बाबूजी, पच्चीस पैसे खुले हैं?'

'नहीं, एक रुपए का सिक्का है।'

'खुले ले आओ, बाबूजी,' पानीवाले का जवाब था।

वह प्यासे घूम रहे थे कि इतने में उन्हें एक बूढ़ा दिखाई पड़ा, जो एक नौजवान को समझा रहा था, 'ईश्वर के पास किसी चीज़ की कमी नहीं है...'

ईश्वर ने पास जाकर कहा, 'लेकिन पच्चीस पैसे की कमी है।'

❑❑❑

दोपहर का वक़्त! दो आदमी बातें कर रहे थे, 'आदमी को बस आदमी का प्यार चाहिए...।'

ईश्वर, जो कि कोई ढाबा ढूँढ रहे थे, बोले, 'और अगर दोपहर का एक बज चुका हो तो खाना भी चाहिए...।'

❑❑❑

बात उन दिनों की है जब ईश्वर बम्बई में थे। एक शाम वह फोर्ट एरिया में घूम रहे थे। चलते-चलते उन्हें पेशाब लगी। वह एक से दूसरे सिरे तक घूमे मगर उन्हें कोई पेशाबघर नहीं मिला।

रास्ते में एक बूढ़ा आदमी, एक जवान आदमी को समझा रहा था, 'बेटा क्या करें, ईश्वर के हाथों आदमी मज़बूर है।'

ईश्वर से रहा नहीं गया। वे बोल उठे, 'फिलहाल तो आदमी के हाथों ईश्वर मज़बूर है। पेशाबघर कहाँ है?'

उन लोगों ने ईश्वर की बात नहीं सुनी। जवान आदमी कह रहा था, 'हाँ, आप सही कह रहे हैं...'

❑❑❑

ईश्वर दिल्ली से अपनी लीलाभूमि मथुरा के लिए ट्रेन पर चढ़े। वह पैसेंजर ट्रेन थी। पंडे यहीं से उनके पीछे लग लिए।

ईश्वर ने बार-बार कहा, 'भाई, हम वहाँ अपने रिश्तेदार से मिलने जा रहे हैं, हम वहाँ के पुराने वासी हैं, हमें पंडे की ज़रूरत नहीं।' मगर पंडे कह रहे थे, 'आप मथुरावासी नहीं हैं। आपको पंडे की ज़रूरत है। हम सारा काम सस्ते में करा देंगे। सारे देव-दर्शन करा देंगे। हम उन लूटनेवाले पंडों में से नहीं हैं।' इत्यादि-इत्यादि।

जब पंडे बिलकुल ही नहीं माने तो ईश्वर को अपना असली स्वरूप दिखाना पड़ा।

तब पंडों ने कहा, 'हम आपकी आरती-स्तुति करते मगर क्या करें, धंधे का समय है। लेकिन पंडे तो आपको मथुरा-स्टेशन पर भी मिलेंगे। किस-किसको आप अपना असली स्वरूप दिखाते फिरेंगे। वहाँ पंडे आपको छोड़नेवाले नहीं।'

ईश्वर जो सबके त्राता हैं, पंडों के डर से ट्रेन से उतर गए और फतेहपुरी की धर्मशाला में वापिस आ गए।

❑❑❑

ईश्वर यों ही दिल बहलाने के लिए सड़क पर निकले थे। इतने में पास के एक मन्दिर से संगीत का स्वर सुनाई दिया। ध्यान से सुना तो पता चला कि उन्हीं से अनुनय-विनय की जा रही है, 'ईश्वर, मैं पापी हूँ, मेरा उद्धार कर। मुझे सुख दे। सम्पत्ति दे। शान्ति दे। मुझे रोग, बुढ़ापे और मृत्यु से बचा। मैं तेरा अज्ञानी बालक हूँ।' आदि-आदि।

ईश्वर मन्दिर में चले गए और सब लोगों में बराबरी से शामिल होने के लिए उन्होंने मूर्ति के हाथ जोड़े और भजनीकों में बैठ गए। उन्हें भजन का संगीत-पक्ष इतना अच्छा लगा कि वे स्वयं को भजन गाने से रोक न पाए।

आरती के बाद केले और हलवे का प्रसाद ईश्वर को भी मिला। उन्होंने बड़ी श्रद्धा से उसे ग्रहण किया।

वे बाहर निकले तो उनकी चरण-पादुकाएँ गायब थीं।

❑❑❑

ईश्वर एक आदमी के घर गए। उसके तीन बच्चे थे। थोड़ी ही देर में ईश्वर तीनों से खूब घुल-मिल गए। उनके साथ बच्चा बनकर खेलने लगे।

उन्होंने एक बच्चे से अपनी पीठ पर चढ़ने को कहा, तो दूसरे और तीसरे बच्चे ने कहा, 'पहले हम चढ़ेंगे।' इस बात पर तीनों में घमासान हो गया। तीनों एक-दूसरे की टाँग खींचने लगे। एक-दूसरे को उल्लू, गधा, पाजी कहने लगे।

ईश्वर ने उन्हें समझाने की कोशिश की तो उनमें से बड़े बच्चे ने कहा, 'अंकलजी, आप बीच में मत पड़िए। जब तक मैं इसका भुर्ता नहीं बना दूँगा, तब तक दम नहीं लूँगा।' फिर भी ईश्वर ने हस्तक्षेप करने की कोशिश की, तो उस बच्चे ने उन्हें इतनी ज़ोर का धक्का दिया कि पास में सहारे के लिए दीवार न होती, तो वह गिर पड़ते।

ईश्वर को इस बात से बहुत निराशा हुई। वह बच्चों को झगड़ता छोड़ वहाँ से चल दिए और एकान्त में आकर सोचने लगे कि उस ईश्वर का क्या फ़ायदा, जो लड़ते बच्चों को मना न सके और धक्का खाकर गिरते-गिरते बचे।

ईश्वर इस विषय पर जितना सोचते जाते, उतनी उनकी निराशा बढ़ती जाती। एक क्षण ऐसा आया, जब वह स्वर्ग प्रयाण करने की सोचने लगे। इतने में उधर से एक बूढ़ा आदमी गुज़रा। उसने उन्हें 'राम-राम' कहा और उनके पास आकर बैठ गया। उसने खैनी बनाई और उसे मुँह में डालने से पहले ईश्वर से पूछा, 'क्या आप भी लेंगे?'

ईश्वर ने खैनी खाई तो नहीं, मगर बूढ़े की इस हरकत ने उन्हें इतने आनन्द से भर दिया कि वह उससे दुनिया-जहान की बातें करने लगे। अन्त में बूढ़े को ही कहना पड़ा कि अँधेरा हो रहा है और उसे दूर तक जाना है।

❑❑❑

धरती पर आने के बाद एक दिन ईश्वर ने ब्राह्मण का वेश धारण किया। ईश्वर को हमेशा से ब्राह्मण प्रिय थे। वह खुद तो उनकी पूजा करते ही थे, दूसरों से भी करवाते थे।

ईश्वर कुछ दूर ही चले थे कि उन्हें एक यजमान मिला। वह भोजन कराने उन्हें घर ले आया। उसने ईश्वर के चरण धोए। चरणामृत लिया। फिर उस स्थान को पवित्र किया, जहाँ ब्राह्मण देवता को भोजन करना था।

आसन और चौकी रख दी गई। पानी भरा लोटा और गिलास रख दिए गए। गृहिणी थाली में तरह-तरह के व्यंजन परोसने लगी। इतने में पुलकित मेजबान ने ईश्वर से पूछ लिया, 'महाराज, आप कौन-से ब्राह्मण हैं?'

ईश्वर को तो इतना ही मालूम था कि धरती पर ब्राह्मण, क्षत्रिय, वैश्य और शूद्र होते हैं। ब्राह्मण भी तरह-तरह के होते हैं, यह उन्हें मालूम नहीं था।

ईश्वर ने चौंककर पूछा, ''मैं आपके प्रश्न को समझा नहीं?'

यजमान बोला, 'ब्राह्मण देवता, क्रोध न कीजिए। वैसे ही जिज्ञासावश पूछ लिया कि आप कौन-से ब्राह्मण हैं।'

ईश्वर को काटो तो खून नहीं। क्या जवाब दें?

यजमान ने ईश्वर को सोच में पड़ते देखा तो वह समझा कि यह आदमी मूर्ख बना रहा है। यह ब्राह्मण नहीं है। यह ब्राह्मण के वेश में शूद्र है। उसके क्रोध का ठिकाना नहीं रहा। वह मारने दौड़ा।

किसी तरह ईश्वर भूखे-प्यासे वहाँ से जान छुड़ाकर भागे।

❑❑❑

ईश्वर उन भारतीयों की तरह नहीं थे, जिन्होंने अपना देश नहीं मगर विदेश बहुत घूमा होता है। उन्होंने देश खूब देखा था और अब वे विदेश यात्रा की तैयारी में थे।

ईश्वर का धरती पर कोई पता तो था नहीं और स्वर्ग का पता देने से पासपोर्ट बन नहीं सकता था। तब पहली बार ईश्वर को पासपोर्ट के फॉर्म पर नकली पता देना पड़ा और जाँच के लिए आनेवाले सिपाही की मुट्ठी गरम करनी पड़ी।

पहली बार उन्हें लगा कि वे ईश्वर नहीं, आदमी होते तो बेहतर होता। शायद झूठ और रिश्वत, दोनों से बच जाते।

❑❑❑

ईश्वर एक सुनसान रास्ते से जा रहे थे। अचानक दो युवक प्रकट हुए। उन्होंने चाकू निकाला और कहा, 'जो हो, सो सामने रख दे।'

ईश्वर इतने सकपका गए कि उन्हें अन्तर्धान होने का ख्याल तक नहीं आया। उन्होंने सोचा, अब साधारण आदमी की तरह सच्चाई से काम लेना चाहिए।

उन्होंने कहा, 'मैं ईश्वर हूँ भैया। मेरे पास रुपया-पैसा कहाँ?'

एक युवक ने कहा, 'बकवास मत कर। जो है सो निकाल दे, चुपचाप।'

ईश्वर ने कहा, 'वाकई, सच कह रहा हूँ भैया, कुछ नहीं है।'

एक युवक ने उनका कॉलर पकड़ा और दूसरा उनकी तलाशी लेने लगा। वास्तव में कुछ नहीं निकला। घड़ी भी नहीं।

एक युवक ने कहा, 'जा, भाग जा। दुबारा इस रास्ते पर मुँह मत दिखाना।'

ईश्वर ने मिनमिनाते हुए कहा, 'मैंने कहा नहीं था, मैं ईश्वर हूँ। मेरे पास कुछ नहीं है, पर सुनते ही नहीं। फालतू में तंग करते हैं।'

□□□

ईश्वर एक दिन सड़क पर जा रहे थे कि एक बच्चा उनके पास आया। 'अंकलजी, क्या आप ही ईश्वर हैं?'

ईश्वर हतप्रभ थे। वे बोले, 'हाँ बेटा, मैं ईश्वर हूँ! बोलो। वैसे तुमने मुझे पहचाना कैसे? मैं तो साल भर से यही हूँ। आज तक तो मुझे किसी ने पहचाना नहीं!'

बच्चे ने कहा, 'मैंने तो वैसे ही पूछ लिया था। लेकिन इतना जानता हूँ कि ईश्वर ने मेरे साथ बेइंसाफी की है। उसने मेरे माँ-बाप दोनों छीने हैं। मैं जानना चाहता हूँ कि ऐसा क्यों किया?'

'इसका कोई तर्क तो नहीं है बेटा।...चलो, मैं तुम्हें एक सुन्दर-सी बॉल देता हूँ।'

'बॉल-वॉल मुझे कुछ नहीं चाहिए। मुझे बताओ कि मेरे साथ ऐसा क्यों किया?'

'अच्छा, सोने की दो मोहरें ले लो। इससे तुम्हारी ज़िंदगी आसान हो जाएगी।'

'मुझे कुछ नहीं चाहिए। मुझे अपने माँ-बाप ही चाहिए।'

‘बेटा, मरे हुए लोग वापस नहीं आया करते। यही दुनिया का दस्तूर है।’

‘अगर वे वापस नहीं आ सकते तो तुमने उन्हें छीना ही क्यों? बताओ?’

बच्चा क्रोध में था और अपने नन्हे-नन्हे हाथों से ईश्वर को मार रहा था, काट रहा था, उनके कपड़े खींच रहा था। उन पर लातें चला रहा था।

दूर से कुछ लोग यह दृश्य देख रहे थे। उन्होंने जब मामले को ज़्यादा बिगड़ते देखा, तो वे पास आए। उन्होंने बच्चे को छुड़ाने की कोशिश की तो वह और ज़ोर से चीखा, ‘यह ईश्वर है। इसने मेरे माँ-बाप छीन लिये हैं। कहता है, वापिस नहीं दूँगा। इसे मैं पीटूँगा और मारूँगा। छोड़ दो मुझे।’

अन्त में ईश्वर को अपनी जान छुड़ाने के लिए कहना पड़ा, ‘यह बच्चा मुझे ईश्वर समझ बैठा है। इसे आप समझाइए।’

‘जाइए-जाइए, भाई साहब। आराम से जाइए। माँ-बाप के मरने के बाद इस बच्चे ने पहली बार ऐसी हरकत की है। हम इसे समझा लेंगे।’

इस घटना के बाद से ईश्वर बच्चों से डर गए। वह सबको दिखाई देते लेकिन बच्चों को नहीं।

❑❑❑

एक बार राष्ट्रपति भवन के अशोक हॉल में आयोजित शपथ ग्रहण समारोह में ईश्वर भी पहुँच गए।

एक मन्त्री शपथ लेने पहुँचा। उसने कहा, ‘मैं ईश्वर की शपथ लेकर कहता हूँ...’

यह सुनकर ईश्वर अचानक उठ खड़े हुए। उन्होंने शोर मचा दिया, ‘कोई मन्त्री मेरे नाम की शपथ नहीं ले सकता। मन्त्री झूठी कसमें खाते हैं और हमेशा मुझे धोखा देते हैं। मैं अब यह और बर्दाश्त नहीं कर सकता। उन्हें खाना हो तो संविधान की शपथ खाएँ, मेरी नहीं। मुझे बख्श दें।’

इतने में सुरक्षाकर्मी उन पर झपट पड़े और उन्हें हॉल से बाहर ले गए। पूछताछ शुरू हुई। एक सुरक्षाकर्मी ने पूछा, ‘कौन है रे तू?’

ईश्वर ने कहा, ‘तमीज से बोलो। मैं ईश्वर हूँ।’

सुरक्षाकर्मी ने यह सुना ही नहीं। कहा, 'अपना निमन्त्रणपत्र दिखा।'

ईश्वर ने कहा, 'निमन्त्रणपत्र? मुझे इसकी क्या ज़रूरत? मैं तो कहीं भी आ-जा सकता हूँ?

सुरक्षाकर्मी ने कहा, 'देख तू ईश्वर है इसीलिए हम तेरे साथ वह व्यवहार नहीं कर रहे हैं, जो कि हम अक्सर करते हैं। क्या समझा? कोई और होता तो उसे मज़ा चखा देते। तेरी भलाई इसी में है कि तू मन्दिर में रहा कर। अब जा, कल सुबह हम तेरी पूजा करने आएँगे। किस मन्दिर में रहता है तू? पता लिखता जा। ओए सुन।'

❑❑❑

एक धर्मगुरु से मिलने का ईश्वर ने बहुत प्रयास किया मगर उनकी भेंट नहीं हो पाई। उनके इस संदेश का असर भी नहीं हुआ कि स्वयं ईश्वर उनसे मिलने आए हैं।

ईश्वर फिर भी निराश नहीं हुए। उन्होंने दूसरे शहर में जाकर भी धर्मगुरु से मिलने की उम्मीद नहीं छोड़ी, जहाँ उन दिनों वह डेरा डाले हुए थे। लेकिन वहाँ भी ईश्वर, धर्मगुरु से नहीं मिल पाए।

बाद में ईश्वर उस धूल को सिर पर लगाते हुए पाए गए, जिस पर से धर्मगुरु की मर्सीडीज कार के पहिए गुज़रे थे।

❑❑❑

यह बात 1987 की है। उस वर्ष भारत-भूमि में भयंकर सूखा पड़ा था। कांग्रेस-कमेटियाँ, सूखा-राहत कमेटियों में तब्दील हो गई थीं। प्रधानमन्त्री को चुनावी पैमाने पर देश का दौरा करना पड़ रहा था। ईश्वर को कुछ सूझ नहीं रहा था कि वे क्या करें। वे भी प्रधानमन्त्री की तरह दौरा करने लगे थे। जहाँ-जहाँ प्रधानमन्त्री नहीं जा पाते, वहाँ-वहाँ ईश्वर जाने लगे। साथ में प्रधानमन्त्री को रोज़ लम्बी-लम्बी रिपोर्टें भी भेजने लगे।

ईश्वर बिचारे भोले-भंडारी। उन्हें क्या पता, प्रधानमन्त्री के कार्यालय में सबसे उपयोगी चीज़ कूड़ादान होती है। ईश्वर रिपोर्टें भेजते रहे, रिपोर्टें कूड़ेदान में जाती रहीं।

ईश्वर इन्हीं रिपोर्टों के बहाने प्रधानमन्त्री के यहाँ अपनी आमदरफ़्त बढ़ाना चाहते थे। यह इरादा नाक़ामयाब होने से उन्हें घनघोर निराशा हुई। वह हताशा में एक पूरे दिन छत पर लेटे-लेटे आसमान ताका किए।

❑❑❑

ईश्वर 'केशव केश कर्तनालय' गए। नाई अधेड़ था। वह अभी-अभी किसी की हजामत बनाकर खाली हुआ था और उकड़ूँ बैठकर फूलछाप बीड़ी के नए-नए बंडल को खोल ही रहा था कि ईश्वर पधार गए।

इनको आता देखकर उसने कहा, 'आओ बाबूजी! यहाँ बैठो एक मिनट। अभी आया।'

ईश्वर ने कहा, 'भैया, मैं बाल बनवाने नहीं आया। मैं तो तुमसे मिलने आया हूँ।'

उसने कहा, 'भाग्य हमारे। चाय मँगवाऊँ?'

ईश्वर ने कहा, 'चाय-वाय कुछ नहीं। तकल्लुफ़ मत कीजिए। अपन आराम से बैठते हैं और बातें करते हैं।'

नाई ने कहा, 'तो बताइए बाबूजी! क्या किसी कम्पनी से आए हैं?'

ईश्वर ने कहा, 'नहीं-नहीं, हम तो तुमसे मिलने आए हैं। अच्छा ये बताओ कि ईश्वर के बारे में तुम्हारा क्या ख़्याल है?'

नाई ने कहा, 'बहुत अच्छे ख़्याल हैं जी, बहुत अच्छे। मगर बाबूजी आप तो पढ़े-लिखे हैं। ये चोली के पीछे क्या है, गाने को लेकर इतना लफड़ा क्यों मचा है? गाना तो ए-वन है।'

ईश्वर यह सुनकर उदास हो गए। लेकिन उन्होंने इसे छुपाते हुए कहा, 'ऐसा है भैया! मुझे एक ज़रूरी काम याद आ गया। फुर्सत से मिलेंगे।'

नाई ने पूछा, 'बाबूजी, आप तो ये आए और वो गए। चोली की बात सुनकर नाराज़ तो नहीं हो गए न।'

ईश्वर ने नाई की यह बात सुनी तो सही, मगर इसे अनसुना कर वे सरपट भाग लिए।

❑❑❑

एक बार ईश्वर एक अदालत के सामने से गुज़र रहे थे। बाहर काला कोट पहनकर खड़े एक आदमी ने उन्हें नमस्कार किया। फिर हाथ भी मिलाया और अपना

परिचय दिया, 'मैं सत कुमार हूँ। जनता का सेवक हूँ। मुकदमा कितना ही उलझा हुआ क्यों न हो, मैं आपके पक्ष में उसे निबटवा सकता हूँ।'

ईश्वर ने मुक्ति पाने के लिए कहा, 'धन्यवाद, लेकिन मुझे किसी से कोई मुकदमा नहीं लड़ना है।'

'तो भी कोई बात नहीं,' उस आदमी का जवाब था, 'आजकल जीवन बड़ा असुरक्षित है। आदमी आज है और कल नहीं। अभी है, अभी नहीं। फिर बीवी-बच्चों का क्या होगा। जीवन-बीमा करवा लीजिए।'

'नहीं धन्यवाद। मेरे पास जीवन-बीमा की तगड़ी पॉलिसी है,' ईश्वर ने बचने के लिए झूठ बोला।

इस पर उस आदमी का जवाब था, 'तो भी कोई बात नहीं। लगता है आप मकान बनवा रहे हैं और आपको सीमेन्ट चाहिए। सीमेन्ट खुले बाज़ार से गायब है और आपको कन्ट्रोल-रेट पर चाहिए। इसमें भी मैं आपकी मदद कर सकता हूँ।'

'नहीं, धन्यवाद। मेरा मकान बनाने का इरादा नहीं। मैं किराए के मकान में मौज से हूँ,' ईश्वर ने जवाब दिया।

'तब तो आपको राशनकार्ड बनवाने में दिक्कत ज़रूर आ रही होगी', आदमी ने फिर अपनी सेवाएँ प्रस्तुत कीं।

'नहीं जी, मैं राशनकार्ड की मुश्किल को भी पार कर चुका हूँ', ईश्वर ने कहा।

लेकिन वह आदमी निराश नहीं हुआ। उसने कहा, 'कोई बात नहीं साहब! आप निश्चित रूप से अपना भविष्य नहीं जानते। और इस शहर में तो क्या बम्बई में भी मुझसे अच्छा ज्योतिषी नहीं मिलेगा। आइए, अपना हाथ दिखवाइए। अगर आप सन्तुष्ट हों तो ही पैसा दीजिए।'

इस पर ईश्वर को कहना पड़ा, 'बाई द वे, मैं आपको बता दूँ कि मैं ईश्वर हूँ।'

'तब तो आपको अपना भविष्य जानने की सख्त ज़रूरत है,' यह कहकर उसने ईश्वर का दायाँ हाथ खींच लिया और उनका भविष्य बताने लगा।

□□□

एक दिन एक अख़बार में कहानी छापी, जिसमें ईश्वर खुद मनुष्य को सलाह देता है कि वह ईश्वर को उखाड़ फेंके वरना उसके बुरे दिन आनेवाले हैं।

ईश्वर को यह कहानी ज़रा भी अच्छी नहीं लगी। उन्हें यह ईश्वर के ख़िलाफ़ साज़िश लगी। उन्होंने अख़बार में खंडन भेजा कि यह कहानी बकवास है। स्वयं अख़बार की प्रतिष्ठा के अनुरूप नहीं है। यह एक विश्वव्यापी षड्यन्त्र का हिस्सा है। इसके पीछे कम्युनिस्टों का हाथ है। ईश्वर में मनुष्य की आस्था समाप्त करने के इन कुचक्रों को कामयाब नहीं होने दिया जाएगा।

यह खंडन अख़बार में नहीं छपा। ईश्वर ने सोचा कि शायद उनकी भाषा सख़्त थी। उन्होंने दूसरा खंडन लिखकर भेजा जिसमें षड्यन्त्र और कुचक्र जैसे शब्द गायब थे। इसमें कहा गया था कि यह कहानी लेखक की कल्पनाहीनता का नमूना है। ईश्वर तो ईश्वर, कोई राजा, राष्ट्रपति या प्रधानमन्त्री भी अपना तख़्ता पलटने की सलाह जनता को नहीं देता। अन्त में कहा गया कि ईश्वर ने आज तक दुनिया में जो किया है, मनुष्य के भले के लिए ही किया है।

फिर भी खंडन नहीं छपा। अगले दिन उन्होंने लेखक के विरुद्ध लगाए गए आरोप भी वापस ले लिए और कहा कि एक धर्मनिरपेक्ष देश में ईश्वर के प्रति आस्था को कमज़ोर करने की कोशिश को समाज के लिए हितकर नहीं समझा जा सकता।

फिर भी खंडन नहीं छपा।

लेकिन ईश्वर ने धैर्य नहीं खोया। उन्होंने फिर एक पत्र लिखा जिसमें भाषा को और भी नर्म बनाते हुए कहा कि कथाकार यह कहानी लिखने से पहले ईश्वर से बात कर लेता तो वह अपनी कहानी को अधिक सन्तुलित और प्रामाणिक बना सकता था।

यह पत्र छप गया। नीचे सम्पादक की टिप्पणी थी : 'एक सनकी आदमी, जो अपने-आपको ईश्वर समझता है, रोज़ हमें इस तरह की चिट्ठियाँ भेजता है।'

अगले दिन से सम्पादक के पास पत्र और टेलीफोन आने लगे, जिनमें सम्पादक से इस 'सनकी आदमी' का पता बताने की गुज़ारिश की गई थी ताकि उसे निबटाया जा सके।

□□□

यह घटना तब की है जब ईश्वर आदमी को थोड़ा-बहुत जान चुके थे मगर उन्हें संयोग से यह नहीं पता था कि लोग ईश्वर को भगवान भी कहते हैं।

एक औरत, दूसरी औरत से कह रही थी, 'बहन, भगवान की लीला अपरम्पार है।'

यह सुनकर ईश्वर ईर्ष्यावश अपनी जिज्ञासा दबा नहीं सके और पूछ बैठे, 'बहनजी, यह बताइए कि यह भगवान कौन है? कहाँ रहता है? क्या यह ईश्वर से भी बड़ा है?'

औरतें, ईश्वर के इस अज्ञान पर खूब हँसीं। ईश्वर भी अपनी झेंप मिटाने के लिए हो-हो हँसने लगे।

❑❑❑

एक मित्र, दूसरे से उधार माँग रहा था। कह रहा था, 'भगवान कसम, पहली तारीख़ को लौटा दूँगा।'

दूसरे मित्र ने कोई जवाब नहीं दिया।

'भगवान की कसम खा रहा हूँ फिर भी विश्वास नहीं? अच्छा, माँ की कसम। एक तारीख को तुझे पैसे ज़रूर वापस मिल जाएँगे।'

दूसरे मित्र ने फिर भी कोई जवाब नहीं दिया।

'यार, अपनी औलाद की कसम खाकर कहता हूँ। अगर एक तारीख़ को उधार नहीं लौटाया तो उसका मरा मुँह देखूँ।'

उसे पैसे मिल गए।

यह घटना ठीक ईश्वर की आँखों के सामने घटी थी।

❑❑❑

एक बार ईश्वर दिल्ली की डी.टी.सी. बस में चढ़े। कंडक्टर ने कहा, 'टिकट लो।'

ईश्वर ने कहा, 'स्टाफ।'

कंडक्टर ने पूछा, 'कौन-सा स्टाफ़?'

ईश्वर ने कहा, 'मैं ईश्वर हूँ।'

'ईश्वर स्टाफ़ में नहीं आता। टिकट लो,' कंडक्टर ने कहा।

ईश्वर क्रुद्ध हो गए। उन्होंने कहा, 'मेरे नाम पर जो गाने गा-गाकर भीख माँगते हैं, उन्हें तो तू मुफ़्त में सफ़र करने देता है और मुझसे टिकट माँगने की ज़ुर्रत कर रहा है? देख लूँगा तुझे?'

तब तक बस-स्टाप आ गया। चैकिंग करनेवाले चढ़े। उन्होंने बेटिकट ईश्वर को नीचे उतार दिया और 20 रुपए की रसीद काट दी।

□□□

यहाँ ईश्वर की जिस हरकत के बारे में बताया जा रहा है, उससे शक होता है कि कहीं ईश्वर, मनुष्य तो नहीं!

बात उन दिनों की है जब ईश्वर दिल्ली में थे और वहाँ डी.टी.सी. की बसों में लिखा रहता था : 'सत्य ही ईश्वर है।'

ईश्वर ने पचासों बार यह दृश्य देखा। एक दिन उन्हें गुस्सा आ गया। उन्होंने आव-देखा न ताव, डी.टी.सी. अध्यक्ष को फोन किया, 'मैं ईश्वर बोल रहा हूँ। आपकी पचासों बसों पर लिखा है—सत्य ही ईश्वर है। इसका क्या मतलब है? अगर सत्य ही ईश्वर है तो मैं कौन हूँ? क्या आप यह कहना चाहते हैं कि मैं ईश्वर नहीं हूँ? आप फौरन इसमें संशोधन कीजिए और लिखवाइए—ईश्वर ही सत्य है।'

□□□

बात उस ज़माने की है जब पंजाब में उग्रवाद का बोलबाला था और अच्छे-अच्छे तीसमारखाँ हिन्दू अमृतसर-गुरुदासपुर जाने से घबराते थे।

लेकिन ईश्वर तो ईश्वर थे, उन्हें किस बात का डर!

वे अमृतसर-गुरुदासपुर-जालंधर सब जगह घूम आए। उनका तो बाल वैसे भी बाँका नहीं होना था मगर सच तो यह है कि किसी ने उनका बाल बाँका करने की कोशिश भी नहीं की।

जब वे दिल्ली लौटे तो इतने खुश थे कि अगर वे ईश्वर न होते, हिन्दू होते तो हनुमानजी को सवा पाँच रुपए का प्रसाद ज़रूर चढ़ा आते।

लेकिन वे ईश्वर थे और अपने ही हाथों मजबूर थे।

□□□

पृथ्वी पर ईश्वर हालाँकि आदमी की तरह हर तकलीफ़ सहने को तैयार थे मगर उन्हें पता था कि उनके लिए कुछ भी मुश्किल नहीं है।

उनके एक भक्त ने एक जगह मन्दिर बनवा लिया था। नगर प्रशासन कहता था कि कीमती ज़मीन पर अवैध कब्ज़े को वैध बनाने के लिए यह चाल चली गई है। नगर प्रशासक यह ज़मीन ख़ाली करने के लिए दबाव डाल रहे थे। भक्त ने ईश्वर के सामने यह समस्या रखी। भक्त का कहना था कि समस्त चराचर जगत जिसकी रचना है, उसी ईश्वर को ज़मीन का एक टुकड़ा देने से इनकार! घोर पाप!!

ईश्वर को यह बात जँच गई। उन्होंने अपने प्रताप से ऐसे नए काग़ज़ात तैयार करवा दिए जिनमें उस ज़मीन पर कब्ज़े को वैध बताया गया था।

भक्त ये काग़ज़ात सबको दिखाता फिर रहा था। नगर-प्रशासक को यह बात मालूम हुई। उसने जाली काग़ज़ात बनाने के आरोप में भक्त को गिरफ़्तार करवा दिया।

इधर भक्त बन्द हुआ, उधर ईश्वर ने उसे अपने प्रताप से मुक्त करवा दिया। जेल के ताले बन्द-के-बन्द रहे और भक्त बाहर आ गया।

मामले की जाँच हुई तो जेलर को मुअत्तल कर दिया गया। उस पर रिश्वत खाने का आरोप था।

ईश्वर को यह बात नागवार गुज़री। वे भक्त के पास गए। उन्होंने उससे कहा कि वह फिर से जेल चला जाए ताकि जेलर कलंक-मुक्त हो। उसे जल्दी-से-जल्दी मुक्त करा लिया जाएगा। वे जज की मति फेर देंगे और वह भक्त को बाइज़्ज़त बरी कर देगा।

मगर भक्त, भक्त था, नहीं माना। लिहाज़ा ईश्वर को खुद जेल जाना पड़ा—भक्त का रूप धरकर। इस बीच जज का तबादला दूसरे शहर हो चुका था। नए जज को आने में एक महीना लग गया। ईश्वर तब तक जेल में रहे।

अगर ईश्वर की जगह मनुष्य होता तो वापिस आने पर भक्त को मज़ा चखाता। उसके मन्दिर को तहस-नहस करवाने के लिए जो कुछ कर सकता था, करता। मगर वे ईश्वर थे और मामला अन्ततः मन्दिर तथा भक्त का था।

❑❑❑

ईश्वर एक दिन एक नेता के बँगले पर गए। नेता को बहुत चुटकुले आते थे। नेता सुनाता जाता था और देखता जाता था कि कौन बदतमीज़ हँस

नहीं रहा है। जो नहीं हँसता था, उसे वह अपने बँगले से फ़ौरन दफ़ा कर देता था।

ईश्वर तो अन्तर्यामी थे। उन्हें यह बात पता थी। उन्होंने उस्तादी दिखाई। सब चुटकुला खत्म होने पर हँसते थे, वह एक-एक लाइन पर हँसने लगे। मज़बूर होकर दूसरों को भी यह करना पड़ा।

जब जाने का समय हुआ तो नेताजी ने ईश्वर को रोक लिया। उनसे कहा, 'बड़े योग्य आदमी हो। क्या तुम्हें पिछली बार टिकट नहीं मिला था?'

ईश्वर के 'नहीं' कहने पर नेता ने उनसे कहा, 'मुझसे मिलते रहा करो। मिल जाएगा।'

□□□

एक दिन ईश्वर एक धर्मगुरु से मिलने पहुँचे।

वहाँ पता चला कि आज धर्मगुरु का एक विश्वसनीय भक्त चढ़ावे के 80 हज़ार रुपए नकद लेकर चंपत हो गया है। धर्मगुरु उदास हैं और उन्होंने किसी से भी मिलने से इनकार कर दिया है।

ईश्वर ने धर्मगुरु के एक भक्त से कहा कि जाकर उनसे कहो कि स्वयं ईश्वर उनसे मिलने आए हैं। इस पर भक्त का जवाब था, 'आज वे ईश्वर तो क्या, ईश्वर के बाप से भी नहीं मिलेंगे।'

□□□

एक दिन ईश्वर चित्तौड़गढ़ में घूम रहे थे। उन्हें एक आदमी किले को बहुत ग़ौर से देखते हुए दिखा। वह अपने-आपसे कुछ बातें भी कर रहा था। ईश्वर को वह आदमी प्यारा लगा। उन्होंने पूछा, 'आप बहुत दिलचस्प आदमी लग रहे हैं। वैसे आपका नाम क्या है?'

उसने बताया, 'महाराणा प्रताप'।

ईश्वर मध्यकालीन भारत के इतिहास का अध्ययन करके तो धरती पर आए नहीं थे। उन्हें यह सुनकर बिलकुल हँसी नहीं आई।

अब उसकी बारी थी, 'मगर आपने अपना नाम नहीं बताया!'

'मैं ईश्वर हूँ', उन्होंने कहा।

वह हँसा। बहुत ज़ोर से हँसा। 'क्या तुम भी मेरे साथ आगरा में थे? थे क्या? याद नहीं आता मगर थे न, मेरे दोस्त!'

वह हँसता ही रहा। ईश्वर को कुछ समझ में नहीं आया। उन्हें आगरा के बारे में कोई जानकारी नहीं थी।

❑❑❑

एक बार एक पागल से ईश्वर का सामना हुआ। उसने सफाई दी, 'मैं पागल नहीं हूँ। मैं कहता हूँ कि मैं ईश्वर हूँ तो सब मुझे पागल समझते हैं जबकि मैं ईश्वर हूँ।'

लेकिन ईश्वर ने कहा, 'मगर ईश्वर तो मैं हूँ, तुम नहीं।'

पागल ने जवाब दिया, 'चुप-चुप। किसी ने सुन लिया तो तुझे भी पागल समझेगा।'

ईश्वर ने आसपास देखा, खुशकिस्मती कि किसी ने सुना नहीं था। वह चुपचाप आगे बढ़ गए।

❑❑❑

एक दिन, एक शहर में ईश्वर ने सुना कि एक औरत बहुत अच्छे रसगुल्ले बनाती है और आज उसने बनाए हैं। ईश्वर उस स्त्री के पति के मित्र का रूप धरकर उसके घर गए। पति उस समय नहीं था। स्त्री और ईश्वर ने दीन-दुनिया की खूब बातें कीं।

अन्ततः वह स्त्री रसोईघर में गई और चाय बनाकर ले आई। अब तो ईश्वर को बेशर्म होकर कहना पड़ा, 'भाभीजी, बहुत दिनों से आपने रसगुल्ले नहीं खिलाए।'

'हाँ, क्या बताएँ भैया, सब कुछ महँगा हो गया है। अब बनाने की हिम्मत नहीं पड़ती। जब बनाएँगे, तो आपको ज़रूर बनाकर खिलाएँगे।'

ईश्वर समझ गए कि सीधी उँगली से घी निकलनेवाला नहीं है। वे सूक्ष्म रूप में आ गए और औरत को उसके झूठ की सज़ा देने के लिए सारे के सारे रसगुल्ले खा गए, जो कि उन्हें अच्छे भी बहुत लगे।

अगले दिन उस लड़की की जमकर पिटाई हुई जो बर्तन-कपड़े साफ़ करने आती थी।

❑❑❑

ईश्वर यूरोप में गर्मी की छुट्टियाँ बिताकर भारत लौट चुके थे। वर्षा का मौसम तो उन्हें वैसे ही सुहावना लगता था क्योंकि उसके साथ उनकी पुरानी मधुर स्मृतियाँ जुड़ी थीं। मगर वह जहाँ कहीं गए—शहर, कस्बे या गाँव—कीचड़ में खूब सने।

उन्होंने कीचड़ की समस्या की ओर प्रधानमन्त्री का ध्यान सार्वजनिक रूप से आकृष्ट करना ज़रूरी समझा। प्रधानमन्त्री की प्रेस-कॉन्फ्रेंस में वह संवाददाता का रूप धरकर जा पहुँचे।

तमाम राष्ट्रीय-अन्तर्राष्ट्रीय समस्याओं पर जब सवाल-जवाब हो चुके तो ईश्वर उठ खड़े हुए और उन्होंने सवाल किया, 'महोदय, भारत देश में इतना कीचड़ क्यों है?'

प्रधानमन्त्री इस क़िस्म के सवाल के लिए तैयार नहीं थे मगर वे तुरन्त सँभले। उन्होंने कहा, 'सरकार इस समस्या से अच्छी तरह वाकिफ़ है। सरकार के पास इससे निबटने की पर्याप्त तैयारी भी है मगर वह जान-बूझकर इस ओर ध्यान नहीं दे रही है ताकि ज़्यादा कीचड़ हो और ज़्यादा कमल खिलें।

❑❑❑

ईश्वर को कहानी-किस्से पढ़ने से नफ़रत थी। एक दिन वह मनुष्य को समझने के अभियान के अन्तर्गत एक आदमी के ड्राइंगरूम में बैठे थे। वह नाश्ते की तैयारी के लिए अन्दर रसोईघर में गया। वक़्त काटने के लिए उन्होंने टेबल पर रखी किताब उठाई। संयोग से वह मंटो की कहानियों की किताब थी।

वह पढ़ने लगे, तो पढ़ते ही चले गए।

तब से वे कहानियाँ पढ़ने लगे। उन्हें लगा, उनके काम में उन्हें कहानियों से भी मदद मिलेगी।

यह तो उन्हें बाद में पता चला कि मंटो मुसलमान था और माँस-मछलियाँ-अंडे खाता था। शराब भी पीता था और ग़ालियाँ भी देता था।

ईश्वर को कई नए फ़ैसले करने पड़े। एक, हिन्दू ही नहीं, मुसलमान भी लिखना जानते हैं और मनुष्य की कमज़ोरियों तथा बड़प्पन के बारे में जानते हैं। दो, माँस-मछली-अंडे खाने तथा शराब पीने के बावजूद कोई बड़ी रचना लिख सकता है और तीन, कि एक ईश्वर ही सत्य है, जगत मिथ्या है, यह सही नहीं है।

❐❐❐

ईश्वर ने जब से मंटो की कहानियाँ पढ़ी थीं, तब से उन्हें किताबें पढ़ने का शौक लग गया था। वह एक 'पुस्तक मन्दिर' में गए और उन्होंने सौ रुपए की किताबें खरीदने के लिए चुन लीं।

उन्होंने बिल बनवाने के लिए किताबें काउंटर पर रखीं। बिल एक सौ बीस रुपए का था। ईश्वर चौंके। उन्होंने पूछा, 'भई, कमीशन देने की बजाय ये बीस रुपए किस बात के बढ़ा दिए?'

उन्हें उत्तर मिला, 'सेल्स टैक्स के।'

ईश्वर ने उतावली में पूछा, 'भई, ये किताबों पर सेल्स टैक्स कब से लगने लगा?'

'जब से किताबों का शुमार सजावट के सामान में होने लगा है,' दुकानदार का उत्तर था।

❐❐❐

दलितों की दशा जानने के लिए ईश्वर उनके टोले में घुस गए। वहाँ उनका व्यंग्य से स्वागत किया एक बूढ़े ने, 'आओ रे, आओ सब। दौड़ के आओ। माला लाओ। चुनाव आ गए हैं। नेताजी वोट लेने आए हैं।'

इसके बाद तो हँसी के एक के बाद एक फव्वारे छूटने लगे। ईश्वर ने कहा, 'मेरा चुनाव-वुनाव से कोई वास्ता नहीं। मैं तो...'

'अरे भैया, हम तो इन्हें गलत समझे, ये तो गाँधीजी हैं। ये चुनाव नहीं लड़ते।' उसी बूढ़े ने फिर हँसी-हँसी में कहा, फिर हँसना-खिलखिलाना शुरू हो गया।

निराश ईश्वर उस दिन तो चले गए लेकिन अगले दिन वह अपने समर्थकों के साथ एक खुली जीप में आए और दलितों को काले झंडे दिखाकर चले गए।

❑❑❑

उस दिन ईश्वर बिहार में तीस हरिजनों की हत्या से दुखी थे।

उन्हें रास्ते में दो आदमी बातें करते हुए मिले।

एक ने कहा, 'पेड़ बहुत कट रहे हैं।'

ईश्वर झुँझला उठे। उन्होंने कहा, 'मेरी सूचना तो यह है कि पेड़ से ज़्यादा आदमी कट रहे हैं।'

इस पर उस आदमी ने कहा, 'यह तो सरकार-विरोधी बातें करता है।'

अब ईश्वर नरम पड़ गए। बोले, 'मेरा इरादा सरकार का विरोध करना नहीं है। मैं आज बिहार में हुई हत्याओं के कारण उत्तेजित था इसलिए अगड़म-बगड़म बोल गया।'

यह कहकर ईश्वर वहाँ से रफूचक्कर हो गए।

उस दिन उन्होंने कूटनीति का पहला पाठ पढ़ा था।

❑❑❑

ईश्वर को यह जानकर बेहद सदमा पहुँचा कि कुछ लोग उन्हें मानते नहीं हैं। कुछ लोग उन्हें मानते हैं मगर उनकी मूर्ति की पूजा नहीं करते हैं। कुछ उन्हें खुदा कहते हैं, तो कुछ यीशु।

दरअसल हुआ यह कि उन्होंने एक रात तीन कोढ़ियों को स्पर्श किया और तीनों सुबह चंगे हो गए। वे खुशी से फूले नहीं समा रहे थे।

उनमें से एक मन्दिर की तरफ़ दौड़ा, एक मस्ज़िद की तरफ़ लपका और एक गिरजाघर की तरफ़ भागा।

तब से ईश्वर सावधान हो गए। जब भी वे किसी का भला करना चाहते, पहले उससे उसका धर्म ज़रूर पूछ लेते।

❑❑❑

ईश्वर को मैं बिलकुल भूल चुका था। कोई संकट मुझे उसकी याद नहीं दिलाता था।

एक दिन वह सड़क पर मिल गया। उसने मुझे रोककर पूछा, 'पहचाना मुझे?'

मैंने कहा, 'नहीं।'

उसने कहा, 'तेरा सत्यानाश हो।'

उसके इतना कहते ही मैं पहचान गया कि वह कौन है। मैंने कहा, 'अच्छा तो आप हैं ईश्वर!'

वह यह सुनकर खुश नहीं हुआ।

वह गुस्से में पैर पटकता हुआ चला गया।

❑❑❑

ईश्वर चाहते थे कि दुनिया के लोग—और उनमें भी खासकर हिन्दू—अंडे न खाया करें। लेकिन अंडों का चलन बढ़ता जा रहा था। यहाँ तक कि ईश्वरभक्त भी अंडे खाते थे।

ईश्वर का अंडों से विरोध बढ़ता जा रहा था। भक्त उनसे कहने गए कि प्रभो, अंडे भी शाकाहारी होते हैं। आप शाकाहार का विरोध कैसे कर सकते हैं?

ईश्वर ने भक्तों से कहा, 'तो मूर्खो, तुमने मुझे अभी तक इस शाकाहारी व्यंजन से वंचित क्यों रखा?'

❑❑❑

एक दिन ईश्वर एक दुकान के बाहर कोका-कोला पी रहे थे। सच्चे भक्त को यह पहचानने में देर न लगी कि ये ईश्वर हैं। उसने आश्चर्य व्यक्त करते हुए कहा, 'आप ईश्वर होकर विदेशी पेय कोका-कोला पी रहे हैं?'

ईश्वर ने जवाब दिया, 'भक्त, मैं तो पेप्सी भी पी चुका हूँ।'

भक्त ने अपने कान पकड़े और कहा, 'प्रभु, आपको यह सब शोभा नहीं देता।'

ईश्वर ने कहा, 'भक्त होकर तुम पीते हो, मुझे तरसाते हो। और फिर कहते हो कि मुझे विदेशी ठंडे पेय पीना शोभा नहीं देता?'

इस पर भक्त ने कहा, 'लेकिन हम तो मनुष्य हैं। हम तो ऐसी गलती कर सकते हैं।'

ईश्वर का जवाब था, 'तो मूर्ख, मैं भी तो तुम्हारा ही ईश्वर हूँ!'

❑❑❑

ईश्वर को एक ऐसे आदमी से मिलने का अवसर मिला, जिसके बारे में शहर भर में मशहूर था कि वह कंजूस है। किसी को चाय तो चाय, पानी तक नहीं पिलाता।

ईश्वर ने उससे नमस्कार किया तो उसे लगा कि आई बला। इसे टालो। उसने नमस्कार का जवाब इस तरह दिया कि मानो इसमें भी उसके पैसे खर्च होते हों। कुछ सैकेंड चुप रहने के बाद उसने साफगोई से कहा, 'आपने सुन ही रखा होगा कि मैं कंजूस हूँ। फिर भी सेवा बताइए।'

ईश्वर ने चतुराई से काम लिया। उन्होंने कहा, 'नहीं, मैंने तो नहीं सुना कि आप कंजूस हैं। कुछ लोग यह ज़रूर कह रहे थे कि आप बड़े मेहनती इन्सान हैं।'

कंजूस भी शैतान का बच्चा था। समझ गया कि उसे फँसाया जा रहा है। उसने कहा, 'हाँ, मेहनती तो हूँ मगर इतना नहीं हूँ कि लोग इसकी चर्चा करें। हाँ, मैं इतना कंजूस ज़रूर हूँ कि लोग इसकी चर्चा करते हैं। फिर भी सेवा बताएँ।'

ईश्वर समझ गए थे कि इससे पार पाना मुश्किल है। फिर भी कहा, 'सेवा क्या? सेवक तो हम आपके हैं। आइए, एक-एक कप चाय हो जाए।'

'निमन्त्रण के लिए बहुत धन्यवाद। शायद यह आपको किसी ने बताया नहीं कि मैं कंजूस होने के साथ-साथ सिद्धान्तवादी भी हूँ। न किसी से चाय पीता हूँ, न पिलाता हूँ,' कंजूस ने कहा।

'लेकिन आप मुझसे चाय पी कहाँ रहे हैं, मैं तो आग्रहपूर्वक आपको चाय पिला रहा हूँ। दोनों बातों में बहुत बड़ा फर्क है। इसलिए यहाँ आपका सिद्धान्त आड़े नहीं आता', ईश्वर ने समझाया।

'नहीं साहब, मैं इतना बुद्धिमान नहीं हूँ कि इतनी बारीक बातों को समझ सकूँ। चाय मैं आपसे नहीं पीऊँगा,' कंजूस ने दृढ़ता से कहा।

ईश्वर ने हार मानते-मानते भी पाँसा फेंका, 'सुना है कि जो सिद्धान्तवादी होते हैं, वे दूसरे के सिद्धान्तों का भी सम्मान करते हैं।'

'करते हैं लेकिन कंजूस के अलावा किसी और का कोई सिद्धान्त नहीं होता। अगर आप कहते हैं कि आपका कोई सिद्धान्त है, तो मैं नहीं मानूँगा', कंजूस का जवाब था।

'यह तो बड़ी अजीब बात कही आपने', ईश्वर ने कहा।

'कंजूस तो होते ही अजीब हैं। वैसे बहस करना भी मेरे सिद्धान्तों के खिलाफ़ है।...फिर भी आप चाय पिलाना क्यों चाहते हैं? कोई स्वार्थ तो होगा आपका', कंजूस ने कहा।

'यही कि आपके साथ चाय पीने का अनुभव हासिल किया जाए।'

'मेरे साथ यानी कि एक कंजूस के साथ?'

'नहीं, मेरा मतलब है...मतलब यह है...'

ईश्वर की हकलाहट पर कंजूस हँसा, 'आप मुझे कंजूस भी नहीं कह पा रहे जबकि मैं अपने-आपको बीस बार कंजूस कह चुका हूँ। अब आपके साथ क्या चाय पीना?'

यह कहर कंजूस आगे बढ़ गया। ईश्वर उसका जाना देखते रहे। लेकिन अचानक कंजूस मुड़ा। उसने कहा, 'आइए, आपके साथ चाय ही तो पीनी है। चाय के साथ कुछ खिलाएँगे-पिलाएँगे भी?'

यह सुनकर ईश्वर विभोर हो गए। बोले, 'कुछ भी...कुछ भी...आप जो चाहें...'

कंजूस फिर हँसा। ईश्वर की आँखों में खुशी के आँसू छलक रहे थे।

❑❑❑

ईश्वर की एक अध्यापक से भेंट हुई। उसने बातों ही बातों में ईश्वर से पूछा कि क्या आप ईश्वर को मानते हैं?

ईश्वर मुस्कुराए मगर उन्होंने इस सवाल का जवाब नहीं दिया।

उन्होंने अध्यापक से पूछ लिया, 'पहले आप इस प्रश्न का जवाब दीजिए।'

अध्यापक ने कहा, 'मैं तो मानता हूँ ईश्वर को। मेरे सिर पर लम्बा तिलक नहीं देखा आपने? बिला नागा सुबह-शाम मन्दिर जाता हूँ। पूर्णिमा को सत्यनारायण व्रत कथा रखवाता हूँ। एकादशी को उपवास रखता हूँ। रोज़ सुबह चूल्हे पर बनी पहली रोटी गाय को खिलाता हूँ। ब्राह्मणों को दान-दक्षिणा देता हूँ। मैं आजकल ईश्वर का परम भक्त हो गया हूँ।'

ईश्वर ने पूछा, 'आजकल से क्या मतलब आपका? पहले आप ईश्वर के कम भक्त थे?'

अध्यापक ने कहा, 'राज़ की बात है। पहले मैं नास्तिक था। विद्यार्थियों को भी नास्तिक बनाता था। लेकिन हुआ क्या कि मुझसे जूनियर हेडमास्टर बनते गए और मैं वहीं का वहीं टँगा रह गया। सारे जो हेडमास्टर बने, ईश्वरभक्त थे। सो मैं भी बन गया हूँ। प्रमोशन तक तो मेरी ईश्वर-भक्ति में कमी आनेवाली नहीं। बाद की बात बाद में देखी जाएगी। रिटायरमेंट पास है और स्वर्ग-नर्क किसने देखा है।'

ईश्वर ने कहा, 'तो ये बात है मास्टरजी। बड़े चालू हो।'

ईश्वर भी मुस्कुराए और मास्टरजी भी। जाते-जाते मास्टरजी कह गए, 'जमाना ही चालू लोगों का है। मास्टरजी बिचारे क्या करें! क्यों ठीक है न!'

ईश्वर ने हँसते-हँसते हामी भरी।

❑❑❑

ईश्वर एक दिन चाँदनी चौक में टहल रहे थे। पता नहीं कहाँ से उड़कर उनकी दाढ़ी में तिनका अटक गया। नतीजा यह हुआ कि जिस किसी की नज़र उन पर पड़ती, वह अपनी जेबें छूकर देखता कि कहीं कटी तो नहीं। सबकुछ अपनी जगह सुरक्षित पाकर वह ईश्वर का लाख-लाख शुक्र मनाता, जो अभी-अभी उनके ठीक सामने था और जिसकी दाढ़ी में तिनका देखकर ही उन्हें लगा था कि यह कोई चोर है।

❑❑❑

सड़क पर खड़े ईश्वर को एक आदमी घूर-घूरकर देख रहा था। ईश्वर ने समझा कि इस आदमी ने उन्हें पहचान लिया है। वह तेज़ी से एक गली में मुड़े और अदृश्य हो गए।

ईश्वर को पता नहीं था कि धरती पर एक मुहावरा चलता है—चोर की दाढ़ी में तिनका। अगर उन्हें पता होता तो वे समझ जाते कि यह उसके मन का भय है और कुछ नहीं।

अगर उन्हें यह मुहावरा पता होता तो वे गली में अदृश्य न होते। वे उस आदमी के पास जाते और वह कुछ कहता, इससे पहले ही उससे कहते, 'लगता है भाई साहब, मैंने आपको कहीं देखा है।'

वह आदमी भी शायद कहता, 'हाँ, मुझे भी आपकी सूरत जानी-पहचानी-सी लगती है।'

और धरती चूँकि गोल है इसलिए दोनों में कोई न कोई पहचान ज़रूर निकल आती। उसके बाद वह आदमी उन्हें किसी होटल में चाय पीने को आमंत्रित करता और शायद एक प्लेट पकौड़े का आर्डर भी देता।

लेकिन यह सब इसलिए नहीं हुआ कि ईश्वर को एक मुहावरे की जानकारी नहीं थी।

❑❑❑

एक दुकान के बाहर बोर्ड टँगा था, 'टी.वी. खरीदिए और घर बैठे अमीर बनिए।'

ईश्वर को वह विज्ञापन रोचक लगा। उन्होंने सोचा कि मुझे अपने भक्तों के लिए पता करना चाहिए कि आख़िर माजरा क्या है?

अन्दर जाकर देखा तो वहाँ बहुत लम्बा 'क्यू' था और धक्कामुक्की जारी थी। ईश्वर ने एक नज़र देखा तो सभी उनके भक्त थे।

अपने से ज़्यादा समझदार भक्तों को पाकर ईश्वर बहुत पुलकित हुए और वापिस चले आए।

❑❑❑

एक ऑफिस के बरामदे में दो लोग बातें कर रहे थे। एक ने कहा, 'ईश्वर की मर्जी के बिना, एक पत्ता भी इधर से उधर नहीं होता।'

ईश्वर ने उन्हें टोकते हुए कहा, 'लगता है, आप दोनों इसी दफ्तर में काम करते हैं।'

'जी हाँ, यह सच है', एक ने कहा।

'तभी,' ईश्वर बोले, 'लेकिन ईश्वर की मान्यता है कि उसकी मर्जी के बिना, फाइलें ज़रूर इधर से उधर हो सकती हैं।'

'इसका क्या सबूत?' उन्होंने पूछा।

‘इसका सबूत यह है कि मैं खुद ईश्वर हूँ’, और यह कहकर वे अन्तर्धान हो गए।

इस पर एक ने दूसरे से कहा, ‘इसका मतलब यह है कि ईश्वर भी इस सत्य को जानता है।’

एक और आदमी ने, जो बीड़ी पी रहा था, टोकते हुए कहा, ‘और आदमी भी यह सत्य जानता है।’

इस पर उन दोनों ने पूछा, ‘भाई साहब, क्या आप भी ईश्वर हैं?’

आदमी ने कहा, ‘नहीं, क्योंकि मैं अन्तर्धान नहीं हो सकता।’

□□□

सत्संग में बैठे-बैठे ईश्वर, अपनी महिमा का गुणगान सुन रहे थे और मन ही मन मुदित थे। सन्त ने कहा, ‘ईश्वर कण-कण में समाया हुआ है...’

जैसा कि सर्वविदित है, धरती ‘दुष्टों’ से भरी है। एक दुष्ट उस सभा में भी था। वह कह बैठा, ‘बात काटने के लिए माफ करें मगर एक जिज्ञासा है। आप कहते हैं, ईश्वर कण-कण में है। तो क्या हम ईश्वर को ही खाते हैं, ईश्वर को ही पीते हैं, ईश्वर को ही...’

यह सुनना था कि ईश्वर को भी हँसी आ गई। उस ‘दुष्ट’ के साथ वह भी सत्संग से बाहर कर दिए गए।

□□□

उपदेशक कह रहा था, ‘ईश्वर का नाम लो। नैया पार हो जाएगी।’

इस पर एक श्रोता कह उठा, ‘बरसात का मौसम है। इसमें पार नहीं होगी। अभी तीन नाव-दुर्घटनाओं में 250 लोग मरे हैं।’

इस पर एक साथ कई आवाज़ें आईं, ‘यह विधर्मी है। इसे भगाओ।’

‘मैं खुद चला जाता हूँ’, उस श्रोता ने कहा।

ईश्वर भी उसके साथ बाहर आए। उन्होंने उस व्यक्ति का नाम, काम, घर, बच्चों के बारे में पूछा। दोनों ने साथ-साथ चाय पी और हँसते-मुस्कुराते विदा हुए।

□□□

वैसे तो ईश्वर किसी की भलाई करने में कभी चूकते नहीं थे लेकिन एक दिन वह आदमी के भेस में बाज़ार निकले तो एक भिखारी मिला।

भिखारी ने भीख माँगी। ईश्वर ने जेब में हाथ डाला तो चवन्नी-अठन्नी नहीं थी। नोट ही नोट थे।

ईश्वर ने भिखारी से कहा, 'बाबा, खुले पैसे नहीं हैं।'

भिखारी भी धृष्ट था। कहने लगा, 'तो रुपया-दो रुपया ही दे दो।'

ईश्वर को यह धृष्टता अच्छी नहीं लगी मगर वे ईश्वर जो थे। मुस्कुराए और आगे बढ़ गए।

भिखारी को क्या पता, वे ईश्वर थे वरना वह रुपए-दो रुपए की भीख न माँगता। वह दया, ममता, करुणा और प्रेम की भीख माँगता। और वह मिल जाती।

❒❒❒

ईश्वर ने धरती पर आते समय सोचा था कि यहाँ ज़्यादा खर्च नहीं होगा मगर जो साथ लाए थे, सब खर्च हो गया।

ईश्वर चाहते तो चुटकियों में पैसा पैदा कर लेते मगर उन्होंने मेहनत-मजदूरी करके कमाई करने की सोची। काम उन्हें मिला, लेकिन बड़ी मुश्किल से।

गर्मी के दिन थे। सब मज़दूरों को पसीना आ रहा था मगर ईश्वर को नहीं। इस पर एक मज़दूर का ध्यान गया। उसने दूसरे से कहा। दूसरे ने तीसरे को बताया। इस तरह सब मजदूरों में बात फैल गई।

वे समझ गए कि हो न हो, ये मज़दूर के भेस में ईश्वर हैं। उन्होंने आज ही रेडियो पर गाना सुना था : 'क्या जाने किस भेस में बाबा, मिल जाए भगवान रे।'

सब मज़दूर उनके चरणों में आ-आकर गिरने लगे। भाव-विह्वल होने लगे। रोने लगे। गाने लगे। उनसे मनौतियाँ माँगने लगे।

परेशान ईश्वर का पसीना छूट गया।

❒❒❒

एक दिन शाम के समय ईश्वर टहल रहे थे। उन्हें छह-सात साल की उम्र के कुछ बच्चे क्रिकेट खेलते मिले। वह खड़े हो गए और खेल देखने लगे।

थोड़ी देर में बॉल गलती से उन्हीं की ओर आती दिखाई दी। वह फुर्ती से उस जगह से हटे। फिर भी वह बॉल उनकी बगल से गुज़रती हुई निकल गई।

एक बच्चे ने कहा, 'सॉरी अंकलजी।'

ईश्वर को उस बच्चे का माफ़ी माँगना अच्छा लगा। उन्होंने मन-ही-मन क्रिकेट को लोकप्रिय होने का आशीर्वाद दिया।

तभी से क्रिकेट लोकप्रिय है और टेलीविजन पर दिन-रात दिखाया जाता है।

❏❏❏

ईश्वर कल्पना करते थे कि धरती पर बच्चों के हाथों में बाँसुरियाँ होंगी।

जब उन्होंने देखा कि बच्चों के हाथों में पिस्तौलें हैं और ये अमिताभ बच्चन ने उन्हें थमाई हैं तो उनके विचार बदले, 'इतनी सदियों में आदमी की कुछ प्रगति होना ज़रूरी भी था।'

❏❏❏

लोगों से अपनी आलोचना सुनते-सुनते ईश्वर बहुत तंग आ गए थे। एक दिन एक आदमी ने फिर ऐसी ही बात कही तो ईश्वर क्रुद्ध हो गए। उन्होंने खीजकर कहा, 'तुम लोग ईश्वर को समझते क्या हो? वह चाहे तो पल में प्रलय मचा दे।'

इस पर उस आदमी ने बड़े इत्मीनान से कहा, 'इसके लिए भी अब हमें ईश्वर की ज़रूरत नहीं। यह काम तो चुटकियों में अमेरिकी राष्ट्रपति कर सकता है।'

ईश्वर और क्रुद्ध हो गए, 'तुम्हारा क्या मतलब है? अब आदमी को ईश्वर की ज़रूरत ही नहीं? मैं देख लूँगा तुम लोगों को...।'

ईश्वर क्रोध से काँप रहे थे। लेकिन आदमी ने शान्त भाव से कहा, 'शान्त होइए प्रभो! ईश्वर की ज़रूरत हमें है मगर प्रलय मचाने के लिए नहीं, दंगे करवाने के लिए।'

❏❏❏

एक दिन ईश्वर ने अखबार पढ़ा। उसमें दिल्ली, बम्बई, नागपुर, मद्रास, अरवल, अदीस अबाबा, न्यूयार्क सब शहरों की खबरें थीं। उसमें हत्याकांडों,

राजनीतिक रहस्यों, ईश्वर सम्बन्धी विवादों, अन्तरिक्ष, स्वाभाविक मृत्यु सबके समाचार थे।

ईश्वर चिन्तित हो गए। अभी तक वे यही समझते थे कि उन्हें ही धरती के कोने-कोने की खबर रहा करती है।

□□□

ईश्वर को एक आदमी, जो श्रीनगर में मिला था, कन्याकुमारी में भी मिला। दोनों एक-दूसरे के सामने पड़े तो दोनों के चेहरों पर मुस्कान फैल गई।

आदमी ने पूछा, 'आप यहाँ?'

ईश्वर ने कहा, 'और आप भी?'

आदमी ने हँसी-हँसी में कहा, 'यह दुनिया गोल है।'

ईश्वर उसका मज़ाक न समझ सके और चिन्तित हुए कि इसे यह रहस्य कैसे मालूम पड़ गया?

ईश्वर ने उससे पूछा, 'आपको कैसे मालूम कि यह दुनिया गोल है।'

आदमी ने कहा, 'क्यों, आप पढ़े-लिखे नहीं हैं क्या?' फिर उसने ईश्वर को गेलीलियो की दर्दनाक कथा सुनाई और प्रमाणस्वरूप अन्तरिक्ष से लिए गए धरती के कुछ चित्र भी दिखाने ले गया।

ईश्वर उस रात बहुत परेशान रहे। उन्हें अपना अस्तित्व खतरे में नज़र आने लगा। सुबह-सुबह उन्हें तभी चैन मिला, जब उन्होंने यह भजन सुना, 'तू ही रखवाला है, तू ही सहारा है, तू ही संसार रूपी नाव का खेवनहारा है, तेरे को भूलकर आदमी संसार रूपी अन्धकार में भटक रहा है...।'

□□□

ईश्वर के स्वर्ग में घड़ी जैसी चीज़ नहीं थी, इसलिए पृथ्वी पर आने पर उन्हें घड़ी ने मोहित किया और उन्होंने घड़ी खरीद ली। वह भी एच.एम.टी. की—शुद्ध स्वदेशी।

चलते-चलते वह एक दिन बन्द हो गई तो ईश्वर को प्रसन्नता हुई कि पृथ्वी की हर चीज़ नश्वर है--चाहे वह आदमी हो या घड़ी। अनश्वर सिर्फ मैं हूँ।

❑❑❑

एक दिन एक आदमी नदी किनारे उदास बैठा आकाश ताक रहा था। ईश्वर ने उससे परिचय प्राप्त किया। पता चला, वह शहर में आई एक सर्कस कंपनी में जोकर है। हँसाना उसका पेशा है।

उसने ईश्वर के सामने अपनी परेशानी रखी, 'सा'ब, आजकल लोग हँसते ही नहीं। सिर्फ बच्चे हँसते हैं और बच्चों के हँसने से सर्कस नहीं चलता। मेरी रोज़ी-रोटी को खतरा पैदा हो गया है।

'एक दिन मैंने अपने दर्शकों को हँसाने की बहुत कोशिश की मगर किसी ने हँस के नहीं दिया। मैं इस बात से इतना डर गया कि रो पड़ा। मैं रोया और उधर से हँसी के फव्वारे छूटने लगे। कुछ तो इतने हँसे कि उनके पेट में दर्द होने लगा।

'तब से मेरे मालिक ने कहा कि मैं दर्शकों को हँसाने के लिए रोज़ रोया करूँ। हँसाने की दूसरी ऊलजलूल कोशिश करते-करते मैं इस बात से दहल जाता हूँ कि अब मुझे उन्हें हँसाने के लिए रोना पड़ेगा। इसी बात से मेरी आँखों में आँसू आ जाते हैं। दर्शक हँसने लगते हैं।

'लेकिन अब सा'ब, ज़माना बदल रहा है। लोगों को मेरे रोने पर भी हँसी नहीं आती। अब पता नहीं, मेरा क्या होगा?'

यह कहकर वह रोने लगा।

ईश्वर उसे सांत्वना देते तो वह और ज़्यादा रोने लगता। रोते-रोते उसने कहा, 'मैं गरीब हूँ। गरीब न किसी को हँसा सकता है, न रुला सकता है। हँसाने के लिए मुझे अमीर बनना होगा।'

ईश्वर उसे 'तथास्तु' कहने हीवाले थे कि इतने में उसने फिर कहा, 'लेकिन मुझे अमीरी से जितनी नफ़रत है, उतनी अपनी हालत से भी नहीं।'

वह फिर रोने लगा।

❑❑❑

एक दिन ईश्वर एक मज़दूर के यहाँ अचानक पहुँचे। उन्हें अतिथि जानकर उसने उनकी खूब आवभगत की।

ईश्वर उस पर बहुत मेहरबान हुए। वे चुपचाप दरी के नीचे सोने के कुछ सिक्के छोड़ आए।

बाद में मज़दूर की पत्नी ने दरी समेटी तो सिक्के निकले। उसने अपने पति को बताया। मज़दूर ईश्वर को ढूँढने निकला। जहाँ-जहाँ उनके होने की संभावना हो सकती थी, वहाँ-वहाँ गया। वह क्या जानता था कि ये ईश्वर थे।

थक-हारकर वह सोने के सिक्के थाने में जमा कर आया और बदले में पुलिस की मार खा आया।

ईश्वर को जब मज़दूर की इस मूर्खता का पता चला तो वह खूब क्रोधित हुए।

उन्होंने अगले ही दिन उसकी छँटनी का नोटिस भिजवा दिया।

❑❑❑

लहलहाती फसल को देखकर ईश्वर किसान से बोले, 'बहुत पुण्यवान हो।'

'पुण्यवान और मैं? पुण्यवान तो आपका यह सेठ है जिसका मैं कर्ज़दार हूँ और जिसके घर यह सारी फसल चली जाएगी।'

❑❑❑

ईश्वर एक गाँव में पहुँचे। वहाँ एक किसान से मिले। उससे उसके दुःख-दर्द पूछने लगे। उसने कुछ बताए, कुछ नहीं बताए।

शाम, रात में बदलनेवाली थी। उसके यहाँ भोजन बन चुका था। अचानक किसान ने कहा, 'आइए, भोजन कीजिए। पत्नी ने थाली तैयार कर दी है।'

मेथी की भाजी और मक्की की रोटी की सुगन्ध भूख बढ़ानेवाली थी। ईश्वर ने संकोच के कारण भूख न होने का बहाना किया लेकिन किसान का आग्रह ऐसा था कि ईश्वर पिघल गए। मगर पिघलते-पिघलते उन्हें ख़्याल आया कि उन्हें स्वर्ग में किसान-मज़दूरों के घर खाना न खाने की खास हिदायत दी गई थी। उनसे कहा गया था कि अगर उन्होंने किसान-मजदूर के घर खाना खाया तो

उनमें दुनिया बदलने की भावना जागेगी। यह काम लम्बा है और ईश्वर का नहीं है। इसलिए वे इस चक्कर में न पड़ें।

ईश्वर ने फिर खाने से इनकार किया तो किसान ने कहा, 'अन्न का कभी अपमान नहीं किया करते। अन्न का अपमान, ईश्वर का अपमान होता है।'

ईश्वर ने अपना अपमान होने दिया मगर खाना ज़मींदार के यहाँ ही खाया।

□□□

ईश्वर जिस शहर में थे, वहाँ एक बस-दुर्घटना में बीस लोग मारे गए थे। चारों ओर हाहाकार था।

उस शहर में कई बूढ़े थे। उनकी कमर झुक चुकी थी। दाँत गिर चुके थे। कई भीख माँगने को मजबूर थे। कई बूढ़ी औरतें पत्थर तोड़ती थीं।

अस्पताल में बूढ़ों से ज़्यादा जवान थे और जवानों से ज़्यादा बच्चे।

ईश्वर ने उस शहर में भूख से रोते बच्चे भी देखे और लोगों को मारुतियों से कुचलते भी देखा।

वह राजकुमार सिद्धार्थ होते तो उन्हें वैराग्य हो जाता और वे बुद्ध बन जाते। वह ईश्वर थे। उन्हें कुछ नहीं हुआ। वह ईश्वर ही बने रहे।

□□□

ईश्वर जब भारत-भूमि पर आए, तो उन्हें गधों के दर्शन तो होने ही थे। एक दिन ईश्वर हल्के-फुल्के मूड में थे। उन्हें एक गधा घास चरता दिखाई दिया तो उन्होंने कहा, 'क्यों बे गधे, अभी तक घास ही चर रहा है?'

गधे ने मासूमियत से जवाब दिया, 'क्या करूँ, मेरे पास आदमी की तरह अक्ल तो है नहीं कि जो उसे घास चरने भेज देता।'

ईश्वर निरुत्तर हो आगे बढ़ गए।

□□□

दुनिया को दो पैरों से देखते-देखते ईश्वर ऊब चुके थे। उन्हें लगा कि शायद चार पैरों से यह दुनिया कुछ और ही दिखती होगी।

ईश्वर ने चौपायों में सबसे ज़्यादा निन्दा सुनी थी—गधे की। उन्होंने सोचा कि उसी की नज़र से दुनिया को देखा जाए।

ईश्वर ने पाया कि गधा होने के लिए किसी-न-किसी का होना ज़रूरी है—धोबी का या कुम्हार का।

ईश्वर ने इस बहाने कुम्हारों और धोबियों को नज़दीक से देखा और पाया कि वे गधों के वैसे निंदक नहीं हैं, जैसे कि बाकी लोग हैं।

ईश्वर को यह भी पता चला कि गधे न तो शेर की खाल ओढ़ना चाहते हैं और न रेंकने से उन्हें इस बात का डर लगा रहता है कि कहीं उनकी 'असलियत' न खुल जाए!

ईश्वर ने यह भी जाना कि गधे को घास इतनी मुश्किल से मिलती है कि वह आदमी से नफ़रत करने की सोच भी नहीं पाता।

ईश्वर ने यह भी जाना कि बोझ ढोने की अपनी क्षमता के लिए गधा गाली भी खाता है और गाली को अनसुना कर बोझ भी ढोता चला जाता है।

❑❑❑

ईश्वर के देखते-देखते ही एक बिल्ली ने एक चूहे को गटक लिया।

ईश्वर ने बिल्ली को डाँटा, 'चूहे खाती है? हिंसा करते हुए तुझे शर्म नहीं आती?'

बिल्ली ने ईश्वर का यह रुख देखा तो पूछा, 'लेकिन आप कौन हैं—दाल-भात में मूसलचंद?'

ईश्वर ने कहा, 'मैं ईश्वर हूँ।'

बिल्ली ने कहा, 'यह सब मैं आप ही के लिए तो कर रही थी। यह सौवाँ चूहा था। कल मुझे हज पर जाना है।'

❑❑❑

किसी की अर्थी जा रही थी। ईश्वर ने यों ही एक आदमी से पूछ लिया, 'यह कौन था?'

वह आदमी शायद कुछ विचित्र था। उसने फ़ौरन कहा, 'ईश्वर'।

ईश्वर ने कहा, 'ईश्वर? लेकिन ईश्वर तो मरता नहीं।'

'लेकिन गंजे, वह पैदा भी कहाँ होता है?' उस आदमी ने कहा।

दरअसल ईश्वर ने उसी दिन गर्मी से तंग आकर अपना सिर घुटवाया था।

❐❐❐

ईश्वर दुनिया में अकेले रहते-रहते घबरा चुके थे। वह किसी को मित्र बनाना चाहते थे। काफी सोच-विचार और अन्तर्द्वन्द्व के बाद उन्होंने तय किया कि वे किसी ईश्वर-भक्त को अपना मित्र नहीं बनाएँगे क्योंकि जिस क्षण उस पर यह रहस्य खुलेगा कि वह ईश्वर हैं, वह पैर पकड़ लेगा और सुख-संपत्ति, रोग-शोक से मुक्ति की अनवरत प्रार्थना करने लगेगा।

उन्होंने एक नास्तिक को अपना दोस्त बनाया, जिसने कभी इस बात पर विश्वास नहीं किया कि जिससे उसकी दाँत कटी दोस्ती है, वह मनुष्य नहीं, स्वयं ईश्वर है।

वह बड़ा मज़ेदार आदमी था और ईश्वर के सामने, ईश्वर की कुछ इस तरह हँसी उड़ाता था कि ईश्वर भी हो-हो कर हँसने लगते थे और खुद अपने पर शक करने लगते कि वह ईश्वर हैं या आदमी!

❐❐❐

एक दिन ईश्वर एकान्त में रो रहे थे। लेकिन भक्त भला किसी जगह को एकान्त रहने कहाँ देते हैं! एक भक्त वहाँ भी पहुँच गया। ईश्वर को रोते देख वह चकित और भ्रमित हुआ। उसने कहा, 'आप ईश्वर होकर भी रो रहे हैं। अब तो प्रलय सुनिश्चित है।'

ईश्वर का जवाब था, 'मैं अपने भक्तों से परेशान होकर रो रहा हूँ। उन्होंने पूरी दुनिया में मेरे लिए कोई ऐसी जगह नहीं छोड़ी, जहाँ मैं खुलकर हँस सकूँ, गा सकूँ, चल सकूँ' और भक्त की ओर क्रोध से देखकर कहा, 'और रो सकूँ।'

❐❐❐

मनुष्य के चोले में पृथ्वी पर आने से पहले ईश्वर को उन सब लोगों से प्यार था, जो उनसे प्यार करते थे।

लेकिन पृथ्वी पर आने के बाद उन्होंने पाया कि वे ऐसे कई लोगों से नफ़रत करते हैं, जो उनसे प्यार करते हैं और ऐसे कई लोगों से प्यार करते हैं, जो उनसे नफ़रत करते हैं।

❑❑❑

एक बूढ़े की मृत्यु के बाद उसकी डायरी में लिखी आखिरी पंक्तियाँ इस प्रकार थीं, 'ईश्वर! अमर होने का तुम दंड भोगो। मैं तो अब चला।'

❑❑❑

ईश्वर का साबका एक कम्युनिस्ट से पड़ा। उसने कहा, 'हम ईश्वर की सत्ता को उखाड़ना चाहते हैं और सर्वहारा की तानाशाही लाना चाहते हैं।'

यह सुनकर ईश्वर के मुँह का स्वाद बिगड़ गया। उन्होंने कहा, 'भूल मत नास्तिक, तू भी ईश्वर की सन्तान है।'

कम्युनिस्ट यह सुनकर हँसने लगा। क्रोध में तमतमाए ईश्वर तेज़ी से आगे बढ़ने लगे। कम्युनिस्ट ने हँसते-हँसते कहा, 'अरे सुनिए तो...।' ईश्वर ने मुड़कर उसे तीखी निगाहों से देखा और आगे बढ़ गए।

कम्युनिस्ट हँसता रहा, 'बहुत क्रोधी हैं ये', वह साथियों से हँसते-हँसते कह रहा था। लोग भी कह रहे थे कि हाँ, आप ठीक कह रहे हैं।

❑❑❑

एक आदमी दुनिया के सारे दुख-दर्द ईश्वर को मनुष्य समझकर सुना रहा था। ईश्वर सुनकर द्रवित हो गए। उन्होंने उस आदमी से पूछा, 'आदमी के दुख-दर्द दूर करने के लिए क्या किया जाना चाहिए?'

'इसका हल समाजवाद है', आदमी ने कहा।

'लेकिन समाजवाद में ईश्वर की तो कोई जगह ही नहीं,' ईश्वर ने कहा।

'इसी की तो मुझे भी चिन्ता है', आदमी ने कहा।

'हाँ, ईश्वर की चिन्ता ज़रूर करनी चाहिए, चाहे समाजवाद आए या न आए,' यह कहते हुए ईश्वर ने उस आदमी के कन्धे थपथपाए और आगे चल दिए।

❑❑❑

एक भक्त ने पूछा, 'अच्छा आप यह तो बताइए कि काले धन के बारे में आपकी क्या राय है?'

ईश्वर ने कहा, 'अच्छी राय है।'

भक्त यह सुनकर चौंका तो ईश्वर ने स्पष्ट किया, 'क्योंकि काले धन से काला मनुष्य भी गोरा हो जाता है और सफेद धन से गोरा मनुष्य भी काला पड़ जाता है।'

❑❑❑

'ईश्वर सबका मित्र है, सबका रक्षक है, सबका पालनहार है...' संन्यासी प्रवचन कर रहे थे।

'मेरा क्यों नहीं? मैं 30 वर्ष से दिन-रात मेहनत-मज़दूरी करता हूँ। फिर भी भूखा का भूखा हूँ,' उसकी आँखों में आँसू आ गए थे।

संन्यासी के इशारे से पहले ही, भक्त संन्यासी का इशारा समझ गए और उसे बाहर खदेड़ आए।

संन्यासी ने पुनः दोहराया, 'तो जैसा कि मैंने पहले भी कहा था ईश्वर सबका मित्र है, सबका रक्षक है, सबका पालनहार है।'

❑❑❑

ईश्वर को पृथ्वी पर आए बहुत अर्सा बीत चुका था। वह चलते-चलते प्रवचन सुनने रुक गए।

प्रवचनकर्ता ने कहा, 'ईश्वर अव्याख्येय है...'

'हाँ, बिलकुल आदमी की तरह', ईश्वर बोल पड़े।

प्रवचनकर्ता ने उन्हें 'मूर्ख' कहा। ईश्वर को इसके बदले में उसे मूर्ख कहने की बजाय वहाँ से चुपचाप चले जाना ज़्यादा सुरक्षित लगा।

❑❑❑

एक 'सत्संग' में उपदेशक बोल रहा था, 'हम सब ईश्वर की सन्तान हैं...'

सुननेवालों में ईश्वर भी थे। उन्होंने पूछा, 'और मैं किसकी सन्तान हूँ?'

उपदेशक ने कहा, 'तू भी उसी ईश्वर की सन्तान है। तुझे क्या ऊँचा सुनाई देता है?'

❑❑❑

एक दिन ईश्वर मस्ती में थे। वह सबकुछ सच-सच कहने के मूड में थे।

एक ने उनसे सवाल किया, 'ईश्वर एक है। फिर भी उसके नाम पर इतने झगड़े क्यों?

ईश्वर का जवाब था, 'ईश्वर ने अपनी शान्ति के लिए ही यह प्रबन्ध कर रखा है।'

❑❑❑

भक्त ने पूछा, 'भगवान, आपको तो हिन्दू भी पूजते हैं और मुसलमान भी। लेकिन दोनों में दंगा हो जाए तो आप किसका साथ देंगे?'

ईश्वर ने कहा, 'दोनों तरफ के दंगाइयों का।'

भक्त चूँकि वाकई भक्त था, इसलिए ईश्वर का यह कथन सुनकर चौंका। उसने कहा, 'आप यह क्या कह रहे हैं प्रभो? कुछ सोचकर तो कहिए।'

ईश्वर ने कहा, 'मैं बिलकुल सोचकर कह रहा हूँ। दंगाई जो करते हैं, मेरे नाम पर करते हैं। वे मेरे एजेंट की तरह काम करते हैं। कोई भी अच्छी कंपनी अपने एजेंट को धोखा नहीं दे सकती।'

❑❑❑

उपदेशक का कहना था, 'जिसकी ईश्वर में आस्था नहीं, उसकी किसी में आस्था नहीं।'

ईश्वर सुन रहे थे। उन्होंने मन-ही-मन में कहा, 'नहीं भाई, ऐसा नहीं। मुझे अपने में आस्था नहीं, लेकिन मनुष्य में है।'

❑❑❑

एक दिन शहर-भर में पोस्टर लगे थे, 'उस ईश्वर को धन्यवाद, जिसने हमें पैदा किया।'

दूसरे दिन शहर-भर में सफेद दीवारों पर कोयले से लिखा था, 'उस ईश्वर को धन्यवाद, जिसने हमें पैदा भी किया और ईश्वर के भरोसे छोड़ भी दिया।'

❑❑❑

ईश्वर ने जब सुना कि एक आदमी अपने को ईश्वर बताकर लोगों को लूट रहा है तो उन्होंने मुँह अँधेरे सारे शहर में पोस्टर लगवा दिए, 'नकली ईश्वर से सावधान! धोखा मत खाइए।'

अगले दिन जवाबी पोस्टर लगे थे, 'असली ईश्वर से सावधान। उसी के कारण आज दुनिया की यह हालत हो गई है।'

❑❑❑

एक नास्तिक चिल्ला-चिल्लाकर कह रहा था, 'ऐसे ईश्वर को क्यों मानूँ, जो खुद तो स्वर्ग में रहता है और लोगों को सड़ने-गलने के लिए धरती पर छोड़ देता है। ज़रा आपका ईश्वर पृथ्वी पर रहकर देखे, तो जानूँ।'

यह बात ठीक उस समय कही गई, जब ईश्वर उस सड़क से गुज़र रहे थे। ईश्वर ने यह बात सुनकर भी अनसुनी कर दी।

ईश्वर उसे क्षमा कर, वह नहीं जानता कि वह क्या कह रहा है और किसकी उपस्थिति में कह रहा है।

❑❑❑

एक भक्त ने पूछा, 'भगवन्, आप अपनी पूजा पृथ्वी पर करवाते हैं और रहते स्वर्ग में हैं। यह विरोधाभास क्यों?'

'इसलिए कि बच्चे, घर की मुर्गी दाल बराबर हुआ करती है।'

❑❑❑

ईश्वर को एक ऐसे भले आदमी के बारे में पता चला, जो सबके आदर और प्रेम का पात्र था और मरकर भी स्वर्ग नहीं जाना चाहता था।

ईश्वर ने सोचा, क्या अब स्वर्ग में भी लोगों को ज़बर्दस्ती ले जाना पड़ेगा?

❑❑❑

जब भी कोई भक्त ईश्वर को याद करता तो ईश्वर वहाँ नहीं पहुँचते। पहुँचते तब, जब संकट गुज़र चुका होता।

नतीजा यह हुआ कि लोग ईश्वर की बजाय अपने पड़ोसियों से सम्बन्ध सुधारने लगे।

❑❑❑

ईश्वर सच्चाई पर मर-मिटनेवालों की फौज बनाना चाहते थे। दूरदर्शन देखनेवालों ने उन्हें 'रजनी' से मिलने की सलाह दी।

❑❑❑

पृथ्वी पर धर्म के नाम पर इतने दंगे हो रहे थे कि ईश्वर को लगा कि यहाँ आदमी को आदमी कम, ईश्वर अधिक प्यारा है। वह इससे मन-ही-मन मुदित हुए।

ईश्वर ने अपनी यह राय एक आदमी को बताई। पहले तो वह ईश्वर के भोलेपन पर जी खोलकर हँसा। फिर खूब रोया।

वह हँसा यह तो सबने देखा। वह रोया, यह उसने किसी को भी नहीं बताया। ईश्वर को भी नहीं!

❑❑❑

ईश्वर ने ऐलान करवाया कि जो मेरा भक्त है, वह मेरी शरण में आ जाए। उस शहर में बाढ़ आनेवाली है।

बाढ़ भी ईश्वर-भक्त निकली। वह ईश्वर की शरण में आ गई।

ईश्वर का तो कुछ नहीं बिगड़ा मगर बाढ़ मन्दिर में जमा ईश्वर-भक्तों को बहा ले गई।

❑❑❑

आखिर चींटियाँ भी तो ईश्वर की सन्तान हैं।

एक दिन एक आदमी के पैर-तले दस चींटियाँ आ गईं। क्रुद्ध ईश्वर मारुति-धारी का रूप धरकर आए और 'चींटियों के हत्यारे' को घायल करते हुए चले गए।

❑❑❑

ईश्वर से पूछा गया कि उन्हें कौन-सा मौसम अच्छा लगता है—ठंड का, गर्मी का या बरसात का!

ईश्वर ने कहा, 'मूर्ख, यह सवाल गरीबों से किया करते हैं, ईश्वर से नहीं।'

❑❑❑

ईश्वर को 2500 वर्ष पुराना बोधि-वृक्ष दिखाया गया।

उस वृक्ष को देखकर ईश्वर बोले, 'यह वृक्ष तो मुझसे भी ज़्यादा पुराना है।'

❑❑❑

ईश्वर कन्याकुमारी गए, जहाँ दो समुद्र मिलते हैं। वह जगह उन्हें इतनी सुन्दर लगी कि उनका मन वहीं जल-समाधि लेने को हुआ।

उन्हें अफसोस हुआ कि वे ईश्वर हैं और जल-समाधि नहीं ले सकते।

❑❑❑

एक चिन्तित भारतीय ने ईश्वर से कहा, 'मुझे चिन्ता होती है कि सब कुछ अगर इसी तरह चलता रहा तो देश के टुकड़े हो जाएँगे।'

इस बारे में ईश्वर का जवाब था, 'ईश्वर पर भरोसा रखो, बेटे! वह जो करेगा, अच्छा ही करेगा।'

❑❑❑

'अब तो ईश्वर ही हिन्दी को राष्ट्रभाषा बनवा सकता है,' एक निराश हिन्दी-प्रेमी का कथन था।

एक राष्ट्रवादी का जवाब था, 'वह भी नहीं बनवा सकता। अभी ब्रह्मा ने अपने एक पल पहले ही तो अंग्रेजी को राष्ट्रभाषा बनाया है। ईश्वर पल-पल में अपना निर्णय नहीं बदला करते।'

❑❑❑

ईश्वर को धरती की कई बातें पसन्द थीं, पर बात-बात पर लोगों का गाली देना नापसंद था। उन्हें इस बात का घोर आश्चर्य होता था कि लोग खुद को भी गाली कैसे दे लेते हैं। जैसे 'मुझ...की किस्मत ही खराब थी, जो वहाँ गया'। 'मुझ जैसा...और नहीं मिलेगा।'

एक दिन ईश्वर ने तमाम शहरों-गाँवों में पोस्टर लगवा दिए : 'जो गाली नहीं देगा, वह ईश्वर की शरण में जाएगा।'

लोगों ने इसका उलटा ही अर्थ लिया। जो गाली नहीं देते थे, वे भी देने लगे।

❑❑❑

ईश्वर न थकते थे, न उन्हें नींद आती थी, इसलिए उन्हें रात भारी लगती थी। वह बिजली की रोशनी में लिखते-पढ़ते।

उनके एक पड़ोसी ने देखा कि यह आदमी तो रोज़ रात को जागता है तो वह एक दिन पूछ बैठा, 'क्यों बन्धु, किसकी याद में रात-रात भर नहीं सोते हो?'

तब ईश्वर ने एक रहस्यमय मुस्कुराहट अपने चेहरे पर फैलाई जिससे उस आदमी को लगा कि उसका अनुमान वाकई सही है।

इस तरह ईश्वर ने उससे अपना पल्ला छुड़ाया।

□□□

एक दिन एक अखबार में ईश्वर का इंटरव्यू छपा। उसके कुछ विवादास्पद अंश इस प्रकार हैं :

ईश्वर, आपका धर्म कौन-सा है?

मुझे तो यह भी नहीं मालूम कि पृथ्वी पर कौन-कौन से धर्म हैं।

ईश्वर, आपकी लीला-भूमि कौन-सी है?

इस बारे में विवाद है। मैं इस पर टिप्पणी करना नहीं चाहता।

ईश्वर, आपको अपना साकार रूप पसंद है या निराकार?

मैंने इस बारे में सोचने की ज़हमत कभी नहीं उठाई।

ईश्वर, संस्कृत को देववाणी कहा गया है। क्या वह आपकी भाषा है?

कोई जवाब नहीं, सिर्फ हल्की मुस्कुराहट।

ईश्वर आपका प्रिय धर्मग्रन्थ?

मुझे कुछ दूसरी किताबें धर्मग्रन्थों से भी अधिक प्रिय हैं।

आप शाकाहारी हैं या माँसाहारी?

जब जैसी इच्छा हो।

ईश्वर के इन कथनों का सब ओर से इतना विरोध हुआ कि उन्हें अपनी लोकप्रियता खतरे में दिखाई देने लगी। उन्होंने संवाददाता पर अनैतिकता का आरोप लगाते हुए कहा कि खेद है कि उसने अपने अखबार में बेहद निजी बातचीत को छाप दिया। उसने औपचारिक रूप से जो इंटरव्यू लिया था, वह नहीं छापा। उसके छपने से किसी को असंतोष नहीं होता।

□□□

चोर ने शुभ दिन देखकर भगवान की मूर्ति चुरा ली। चुराकर उसने उसे बेच दिया। खरीदनेवाले ने उसे अच्छी कीमत देकर खरीद लिया और लफड़े के डर से उसे तुरन्त गला दिया।

वजह जो भी रही हो, उन कमबख्तों को पुलिस गिरफ्तार नहीं कर पाई और उधर ईश्वर भी पता नहीं क्यों उनका कुछ बिगाड़ नहीं पाए। यह तक न कह

पाए कि बन्धु तुमने मेरी मूर्ति चुरा ली, यहाँ तक मान लिया कि ठीक किया मगर तुम इतने ज़्यादा गिर गए कि तुमने इसे किसी को इसलिए बेच दिया कि वह इसे गला दे! छीः-छीः, घोर पाप।

खैर मन्दिरवालों ने उसकी जगह दूसरी मूर्ति को प्रतिष्ठित कर दिया और मन्दिर का काम फिर से धड़ल्ले से चल निकला, इसलिए ईश्वर से किसी ने पूछा तक नहीं कि इस घटना का उनके दिल पर क्या असर हुआ है। वह रो रहे थे और किसी टीवीवाले को फुर्सत नहीं थी कि उनके आँसू रिकॉर्ड करके भक्तों को दिखा दे, जबकि ईश्वर देर तक इसीलिए रोते रहे थे कि शायद कोई टीवीवाला उन तक पहुँच ही जाए। ईश्वर का दिल डूब रहा है। वह सोच रहे हैं कि क्या ऐसा भी हो सकता है कि किसी दिन खुद ईश्वर का अन्तिम समय आ जाए!

❑❑❑

ईश्वर भक्तों के गुलाम हैं। भक्त जो चाहते हैं, ईश्वर वही करते हैं। वे कहते हैं, ''भगवान होंठों पर बाँसुरी लगाकर और टाँगों को आपस में लपेटकर आप चुपचाप ऐसे खड़े हो जाओ जैसे कि बाँसुरी बजा रहे हो'', तो वह खड़े हो जाते हैं और सदियों तक इसी तरह खड़े रहते हैं। चूँ-चाँ तक नहीं करते। न कभी टाँगों या पीठ में दर्द की शिकायत करते हैं और न थकने की, न बोर होने की। भक्त जब नहलाता है, नहा लेते हैं और कभी नहीं कहते कि बन्धु आज ठंड बहुत है या आज नहाने का मन नहीं हो रहा है, मुझे बख्श दो। भक्त जो कपड़े पहनाते हैं, वह पहन लेते हैं, कभी नहीं कहते कि बहुत पुराने फैशन के हैं। भक्त जो प्रसाद चढ़ाते हैं, चढ़वा लेते हैं और कभी नहीं कहते कि तुमने आज जिस मिठाई का भोग लगाया है, वह मुझे बेहद प्रिय है इसलिए आज प्रसाद के नाम पर तुम कुछ और खा लेना, मैं इसे पूरा का पूरा खा लेता हूँ।

तो क्या भक्त, ईश्वर का मालिक बन चुका है? नहीं जी, वह नहीं बना है। वह तो पहले से ही सिर्फ धन-सम्पत्ति का मालिक है।

❑❑❑

इस बात को कौन नहीं जानता कि इस दुनिया को ईश्वर चलाते हैं। यहाँ तक कि इस बीच यह बात खुद ईश्वर को भी मालूम हो चुकी है लेकिन इससे उनके

सामने समस्या पैदा हो गई है। वह जब-जब दुनिया को चलाने की कोशिश करने लगते हैं तो उन्हें पता चलता है कि दुनिया तो पहले से चली हुई है और इतनी ज़्यादा चली हुई है कि वे किसी से अगर यह पूछते हैं कि भैयाजी या बहनजी आजकल इस दुनिया को कौन चला रहा है तो पता चलता है कि किसी को इस बात की फुर्सत तक नहीं है कि वह उन्हें इस बात का उत्तर दे।

❑❑❑

ईश्वर का कहना है कि उनके लिए सारे मनुष्य बराबर हैं लेकिन समस्या यह है कि उनके पुजारियों को यह बात मंजूर नहीं है। कभी-कभी वे ईश्वर की बात सुनकर इतने आक्रामक हो जाते हैं कि ईश्वर होने के नाते वे दुनिया को बता भी नहीं पाते कि पुजारी कितने आक्रामक हो जाते हैं। फिर भी ईश्वर का कहना है कि वह जल्दी ही अपने पुजारियों को मना लेंगे और पुजारियों का कहना है कि जो ईश्वर सदियों से हमें मना नहीं पाया, उसकी क्या औकात कि अब वह हमें मना लेगा! हम मानेंगे भी तो ईश्वर के कहने से नहीं, जमाने की चाल देखकर।

❑❑❑

लोगों को ईश्वर से बहुत शिकायतें हैं। इतनी ज़्यादा शिकायतें हैं कि ईश्वर दिन-रात शिकायतें सुनते रहते हैं, उन्हें खाने-सोने, टहलने, टीवी देखने का समय नहीं मिल पाता। उनका कहना है कि लोगों की शिकायतें न सुनो तो यह अच्छा नहीं लगता और सुनो तो लोगों की शिकायतों का सिलसिला कभी खत्म नहीं होता।

ईश्वर का कहना है कि उन्होंने कई बार लोगों को समझाया है कि कुछ समय के लिए तो वे शिकायतें करना बन्द कर दें ताकि वे पुरानी शिकायतों को दूर करने के लिए कुछ कर सकें लेकिन उनकी बात कोई सुनने को तैयार ही नहीं। इसलिए आजकल दुनिया में जो हो रहा है, उसके लिए वह अपने को ज़िम्मेदार नहीं मानते।

❑❑❑

लोगों को यह अच्छी तरह मालूम है कि ईश्वर कुछ नहीं करता, जो करते हैं, ईश्वर के बन्दे करते हैं और वे भी करते हैं जो अपने को ईश्वर का बन्दा नहीं मानते।

ईश्वर बरसों से उन बन्दों को मनाने में लगा है, जो अपने को ईश्वर का बन्दा नहीं मानते कि भई तुम जो कर रहे हो, वही करते रहो मगर कम-से-कम इतना तो सार्वजनिक रूप से कह दिया करो कि तुम भी ईश्वर के बन्दे हो।

ईश्वर की यह बात सुनकर इन बन्दों के जब कान पक गए तो इन्होंने ईश्वर से कह दिया कि अच्छा बाबा समय आने पर हम इस पर विचार करेंगे।

ईश्वर यह सुनकर फूला नहीं समा रहा है, सबसे कह रहा है कि आख़िर इन बन्दों ने इतना तो मान लिया।

वह इस खुशी में पार्टी देना चाहते हैं मगर उनकी शर्त यह है कि उस पार्टी में खाना शाकाहारी होगा, दारू इत्यादि नहीं होगी, सादा सुपाच्य भोजन होगा, जिसमें मिर्च-लहसुन-मसाले भी नहीं होंगे।

सुना है कि उनकी पार्टी में आने को कोई तैयार नहीं है, न ईश्वर के बन्दे और न वे जो कहते हैं कि हम ईश्वर के बन्दे नहीं हैं।

□□□

आख़िर ईश्वर, ईश्वर है और वह ईश्वर की तरह रहना-जीना, खाना-पहनना चाहता है, आदमियों की तरह नहीं। उधर आदमी चाहते हैं कि वह आदमियों की तरह रहे, ईश्वर की तरह नहीं। उनकी तरह रहे भी और उनके कहे अनुसार चले भी।

ईश्वर फिलहाल तो आदमियों की बात मान रहा है क्योंकि वह जानता है कि आदमी उसे मानते हैं तो वह है लेकिन वह यह भी सोचता है कि आख़िर ऐसा कब तक चल सकता है? इस तरह तो आदमी उसका ईश्वर हुआ जा रहा है और क्या पता किसी दिन आदमी घोषित कर दे कि ईश्वर-विश्वर कुछ नहीं हैं, हमीं आदमी हैं और हमीं अपने ईश्वर भी हैं।

और ईश्वर को जब से यह पता चला है कि ऐसा तो पहले से होता आ रहा है, कई बाबाओं ने अपने को ईश्वर घोषित कर रखा है तो वह सोच रहा है कि क्या अब वक़्त नहीं आ गया है कि वह ईश्वर की तरह रहे और ईश्वर की तरह जिए! लेकिन वह सोच ही रहा है क्योंकि जितना आदमी ईश्वर से डरता है, उससे ज़्यादा ईश्वर आदमी से डरता है!

□□□

ईश्वर ने एक दिन इस पर विचार किया कि आदमी होने में मज़ा है या ईश्वर बने रहने में।

उसे बेरोज़गारी से बेहद डर लगा वरना वह अब तक आदमी बन चुका होता।

❑❑❑

ईश्वर से किसी ने कहा कि आपको असली खतरा विज्ञान से है क्योंकि विज्ञान कहता है कि ईश्वर वगैरह कुछ नहीं होता।

ईश्वर ने विज्ञान के बारे में पता किया। उन्हें पता चला कि विज्ञान एक उपयोगी ज्ञान है। वह आश्वस्त हुए कि जिसका उपयोग किया जा सकता है, वह खतरनाक नहीं हो सकता। बस उसका उपयोग किस तरह किया जाए, यह कला भक्तों को आनी चाहिए और जहाँ तक भक्तों का सवाल है, उनकी क्षमताओं पर ईश्वर का भरोसा अटूट है। भक्त का भले ही ईश्वर पर से कभी-कभी भरोसा उठ जाता है, ईश्वर का भरोसा कभी अपने भक्त पर से नहीं उठता, कभी नहीं।

❑❑❑

चलते-चलते ईश्वर की चप्पलें घिस गईं लेकिन मुश्किल यह है कि आप एक बार तय करें कि आपको चलना है तो फिर रास्ते कभी खत्म नहीं होते, मंज़िलें कभी आती नहीं। आप जितना चलते हैं, उतनी ही चलने की ज़रूरत बढ़ती जाती है। यहाँ तक कि आप यह भूल जाते हैं किं आप एक मंज़िल तक पहुँचने के लिए चले थे।

और चलते-चलते ही ईश्वर को समझ में आया कि कोई भक्त उनसे नहीं कहेगा कि ईश्वर ये चप्पलें अब किसी काम की नहीं रहीं और इन्हें बदल लो बल्कि मैं आपके लिए नई चप्पलें लेकर आता हूँ क्योंकि आपके पास तो पैसे होंगे नहीं। दरअसल लगातार चलनेवाले को लोग पसन्द नहीं करते, वह चाहे ईश्वर ही क्यों न हो।

❑❑❑

ईश्वर को अपने सामने पाकर एक भक्त ने पूछा, 'अच्छा आप यह तो बताइए कि आप साकार हैं या निराकार?'

ईश्वर ने कहा, 'मैं दोनों ही हूँ। जो मुझे साकार भाव से भजता है उसके लिए साकार और जो निराकार भाव से मुझे पूजता है उसके लिए निराकार।'

भक्त ने कहा, 'क्षमा करें, आप ईश्वर हैं मगर मैं यह कहे बिना खुद को रोक नहीं पा रहा हूँ कि आप भी अवसरवादी हैं।'

ईश्वर ने इसका बुरा नहीं माना और कहा, 'पगले, तभी तो मैं हूँ।'

और भक्त उनके चरणों में लोटने लगा।

❑❑❑

ईश्वर ने एक दिन मेरी माँ से पूछा, 'तुम कैसी हो?'

माँ ने जवाब दिया, 'अच्छी हूँ। मगर तुम खुद तो ठीक हो?'

ईश्वर ने कहा, 'मैं भी अच्छा हूँ। सुना था कि तुम्हारी दाढ़ में दर्द था?'

माँ ने कहा, 'हाँ था, मगर अब नहीं है। मैंने वह दाढ़ निकलवा दी है।'

ईश्वर ने मेरी माँ से सहानुभूति दिखाते हुए कहा, 'लेकिन तुम अचानक बहुत बूढ़ी हो गई हो। है न!'

माँ ने कहा, 'हाँ, मैं माँ हूँ न!'

ईश्वर ने कहा, 'तुम मज़ाक कर रही हो। लेकिन जब तुम जवान थीं, तब तुम बहुत खूबसूरत थीं। मैं तुम्हें बहुत चाहता था। वास्तव में मैं तुमसे शादी करना चाहता था।'

माँ ने कहा, 'लेकिन तुम तो तब भी बूढ़े थे। तुम हमेशा से बूढ़े हो। मैं तुमसे शादी क्यों करती? और अच्छा अब तुम जाओ। शाम हो गई है। मुझे अपने बच्चों की प्रतीक्षा करने दो।'

❑❑❑

मेरी माँ नहाने के बाद सिर्फ पाँच मिनट के लिए ईश्वर को याद करती थी। बाकी सारा दिन वह मेरी चिन्ता में डूबी रहती थी।

इससे ईश्वर को मुझसे ईर्ष्या होने लगी। वह मुझे मारने की तरकीबें सोचता मगर वह माँ के क्रोध से इतना डरता था कि टँगड़ी अड़ाकर, मन मसोसकर रह जाता था।

एक दिन उसका धैर्य चुक गया। वह माँ को बूढ़ी समझकर मारने आया। लेकिन माँ अड़ियल थी। वह उसे मारकर ही· मरीं।

❑❑❑

मेरी दादी जितना बूढ़ा इस पृथ्वी पर कोई नहीं था, इसलिए वह हरेक को बेटा या बेटी कहती थीं—वह चाहे बच्चा हो या बूढ़ा।

यहाँ तक कि वह ईश्वर को भी अपना बेटा कहकर पुकारती थीं।

ईश्वर को मेरी दादी का यह व्यवहार पसन्द नहीं आया। एक दिन वह इतना चिढ़ गया कि मैं अपनी दादी के लिए खिचड़ी बनाकर ले गया तो देखा कि वह मेरी दादी को ले जा चुका है—बेदर्द, बेहया!

❑❑❑

धरती तो धरती है। यहाँ सबको सपने आते हैं। एक दिन ईश्वर को भी आया और यह आया कि वह मर गए हैं। उनकी अर्थी तैयार की जा रही है। उस पर उन्हें लिटा दिया गया है और उन्हें उठाकर श्मशान की ओर ले जाया जा रहा है।

वह हाथ-पैर मार रहे हैं। पूरी ताकत लगाकर अर्थी से उठने और भागने की कोशिश कर रहे हैं मगर भाग नहीं पा रहे हैं।

जिन लोगों ने उन्हें कन्धा दिया है, वे निरन्तर 'राम नाम सत्त' है' बोल रहे हैं और तेज़ी से उन्हें श्मशान की ओर लिए जा रहे हैं। उन्हें श्मशान पहुँचा दिया गया है। नहला दिया गया है और अब चिता पर लिटाया जा रहा है।

लिटा दिया गया है। ऊपर लकड़ी और कंडे डाले जा रहे हैं। घी डाला जा रहा है और बस आग लगाई ही जानेवाली है।

कि तब तक ईश्वर में न जाने कहाँ से इतनी ताकत आ जाती है और वे लकड़ियों-कंडों को ठेलकर भाग खड़े होते हैं। वे इतने सपाटे से भागते हैं कि सामने से आ रही एक अर्थी से टकरा जाते हैं और मुर्दा गिर जाता है। क्रुद्ध भीड़

उनके पीछे भागती है तो वह नीचे रखी एक अर्थी को कुचलते हुए भागते हैं और किसी तरह सुरक्षित बच निकलने में सफल हो जाते हैं। डर के मारे वे तीन दिन-तीन रात एक झाड़ी के नीचे छुपे रहते हैं, भूखे और प्यासे।

तीसरे दिन डरते-डरते किसी तरह सड़क पर आते हैं और पीछे से आते हुए तीन लोग उन्हें अपनी ही ओर घूरते नज़र आते हैं। वह डरकर फिर भागना शुरू कर देते हैं।

चूँकि वह ईश्वर हैं इसलिए भूखे और प्यासे रहकर भी भाग सकते हैं। नदियों और समुद्रों पर भी वह उसी तरह भागते रहे जिस तरह से वे मैदानों में भागे थे। वह भागते रहे और उन्होंने पीछे मुड़कर भी नहीं देखा कि कोई उनका पीछा कर भी रहा है या नहीं!

भागते-भागते जब वह देवलोक में पहुँचे तो उनकी साँस में साँस आई। भय कम हुआ। निश्चिन्तता बढ़ी। अब थकान और पस्ती हावी हुई। जैसे ही चाल धीमी पड़ी, वे ज़मीन पर गिर पड़े और गिरते ही बेहोश हो गए।

फिर क्या देखते हैं कि देवता उन्हें स्ट्रेचर पर डालकर एम्बुलेंस में पृथ्वीलोक के अस्पताल में ले जाने की तैयारी कर रहे हैं। वे फिर भय से काँप उठे कि जहाँ से भागकर आया था, वहीं ये फिर से ले चले! वे पूरी ताकत से चीखने की कोशिश करते हैं मगर चीख नहीं पाते। अस्पताल करीब आता जाता है। ईश्वर का भय इतना बढ़ जाता है कि उन्हें लगता है कि उनकी दोबारा मौत हो गई है।

अपने को मरा हुआ पाकर उनका भय और बढ़ जाता है, कि अब फिर से अर्थी निकलेगी, फिर से नदी में नहलाया जाएगा, फिर से अग्नि को समर्पित किया जाएगा। फिर से भागना होगा...उसी तरह...वही यातना...।

वह चीखते हैं और इस बार सचमुच उनके गले से चीख निकल जाती है। सपना टूटता है? भय अभी भी उन पर तारी है। शरीर पसीने से तरबतर है! घर-भर के लोग जाग गए हैं। वे कारण जानना चाहते हैं। लेकिन ईश्वर बता नहीं पाते मगर परिचित घर, परिचित लोग देखकर उनका भय खत्म हो जाता है।

बात आई-गई हो जाती है।

तब से ईश्वर के लिए पृथ्वीलोक, भयलोक बन जाता है। वे पृथ्वीलोक के बारे में कुछ नहीं सुनना चाहते। कुछ नहीं कहना चाहते। कुछ नहीं सोचना चाहते।

लेकिन पृथ्वीलोक को वह जितना अपने से दूर भगाते हैं, वह उतना ही उनके करीब आता जाता है। उतना ही उनकी स्मृति में गड़ता जाता है। उतना ही उन्हें सोचने को बाध्य करता है। एक दिन उन्हें लगता है कि पृथ्वीलोक के

वासी देवलोक में आ गए हैं। उसका मुआयना कर रहे हैं। उसकी स्त्रियों को प्रशंसा भाव से देख रहे हैं। कुछ मनचले उन पर फब्तियाँ कस रहे हैं। कुछ पृथ्वीवासी, देवलोक में जायदादें खरीद रहे हैं। उनकी नज़र देवलोक की हर अच्छी से अच्छी, सुन्दर से सुन्दर, कीमती से कीमती चीज़ पर है। वे उन्हें खरीद रहे हैं। वे सड़कें बनवा रहे हैं। वे पार्क बनवा रहे हैं। वे बिजली के खम्भे लगवा रहे हैं। वे देवलोक के वासियों से ज़्यादा समृद्ध हो रहे हैं। वे देवलोक की स्त्रियों से विवाह कर रहे हैं जबकि एक देव, उनकी एक स्त्री पर मोहित हो गया तो उन्होंने बावेला खड़ा कर दिया गया।

ईश्वर को एक दिन अचानक पृथ्वीलोक के वे लोग देवलोक में दीख जाते हैं जो उन्हें जलाने के लिए श्मशान ले गए थे। उन्हें देखकर ईश्वर की सिट्टी-पिट्टी गुम हो जाती है। वह भूल जाते हैं कि वह क्या हैं। वह भागना चाहते हैं लेकिन जाएँ कहाँ—सब तरफ मनुष्यों का वास है—वह ठिठक जाते हैं। वह समर्पण करने के लिए मनुष्यों की तरफ़ बढ़ते हैं।

लेकिन मनुष्य भी मनुष्य हैं। उन्हें भी याद आ जाता है कि यह वही शख्स है जो चिता से उठकर भागा था। वे 'भूत-भूत' कहते हुए भागते हैं। यह बात फैल जाती है कि देवलोक तो भूतों का देश है। यहाँ से भागो। यहाँ के चक्कर में मत पड़ो और इस तरह देवलोक खाली हो जाता है।

आधी रात को ईश्वर की तन्द्रा टूटती है। वह मुस्कुराते हैं। अपनी विजय से खुश होते हैं। लेकिन थोड़ी देर में फिर वह तन्द्रा में लीन हो जाते हैं। अब वह देखते हैं कि जो उन्हें 'भूत-भूत' कहते हुए भागे थे, वे अपनों के बीच पहुँचकर पूरी बात बताते हैं। वे सबको भागने की सलाह देते हैं लेकिन कोई नहीं मानता। कहते हैं, अब तो जो भी हो, हिम्मत से यहीं रहेंगे। तब 'भूत-भूत' कहकर भागनेवाले भी अपना इरादा बदल देते हैं।

और एक दिन देवलोक, पृथ्वीलोक बन जाता है और ईश्वर महज़ उसके एक बाशिंदे। कई बार उनकी चिट्ठियाँ तक दूसरों के पते पर पहुँच जाती हैं।

ईश्वर की तन्द्रा इस बार नहीं टूटती।

❏❏❏

ईश्वर को एक और दिन सपना आया कि वह एक महीने का बच्चा हो गए हैं। दिन और रात में कभी भी सो रहे हैं, कभी भी जाग रहे हैं, कभी भी रो

रहे हैं, कभी भी हँस रहे हैं, कभी भी दूध पी रहे हैं, कभी भी टट्टी-पेशाब कर रहे हैं।

इसके बावजूद कि ईश्वर सपने में बच्चा बन गए थे, उन्हें याद था कि वह ईश्वर हैं और उन्हें भाषा बोलनी आती है। इसलिए वह बार-बार बोलकर 'माँ' को कुछ बताने की कोशिश कर रहे थे मगर 'माँ' को तो कुछ समझ में ही नहीं आ रहा था। वह बार-बार यही कहती थी, 'देखो, मेरा चाँद-सा बच्चा कुछ सोच रहा है। तू क्या सोच रहा था रे बच्चे! माँ के बारे में सोच रहा था कि कहाँ गई? ले मैं तो आ गई।'

वह कहती थी, 'देखो, मेरा सूरज-सा दमकता बेटा हँस रहा है। क्यों हँस रहा है बेटा? अपनी माँ को देखकर हँस रहा है? अच्छा ये चिड़िया देखकर हँस रहा है? हँस बेटा, खूब हँस। हँसते ही रहना। रोना मत। रोना मत मेरे बेटे।'

'अरे मेरा लाल रो रहा है। ओ हो, मेरे बेटे की बड़ी देर से दूध नहीं मिला। मैं भी कैसी मूर्ख और दुष्ट हूँ। बेटे को दूध पिलाना ही भूल जाती हूँ। अच्छा ले बेटा, चुप हो जा। रोया मत कर। इशारे से बता दिया कर कि दूध चाहिए। ओ लो, मैं भी कैसी मूर्ख हूँ। एक महीने के बच्चे से कह रही हूँ कि इशारे से बता दिया कर।'

माँ की ये सारी बातें सुनकर ईश्वर कहना चाहते थे कि मुझे तेरी हर बात समझ में आ रही है मगर मैं न तो तेरा एक महीने का बच्चा हूँ। न मैं रो रहा हूँ, न मैं हँस रहा हूँ। न मैं भूखा हूँ, न मैं तेरा बेटा हूँ। तू है किस मुगालते में? मैं ईश्वर हूँ। न मैं जन्मता हूँ, न मरता हूँ। न रोता हूँ, न खुश होता हूँ। न भूखा रहता हूँ, न प्यासा रहता हूँ। न अस्वस्थ रहता हूँ, न स्वस्थ रहने के लिए तरह-तरह के तामझाम करता हूँ। इसलिए तू मुझे अपना बेटा-बेटा कहना छोड़ और अपने काम से काम रख।

लेकिन 'माँ' को उसकी कोई बात सुनाई नहीं देती। समझ में नहीं आती। वह लगातार बच्चे में व्यस्त रहती। कभी उसे स्तन से दूध पिलाती, कभी चम्मच से पानी पिलाती, कभी उसके पोतड़े बदलती, कभी उसके शरीर पर मालिश करती, कभी उसे नहलाती, कभी काजल का दिठौना लगाती। कभी हुलास से भर जाती, कभी झुँझला जाती। कभी घबराकर उठ जाती।

ईश्वर अजीब स्थिति में फँसे थे। उन्हें 'माँ' का यह लाड़-प्यार-चिन्ता अच्छी भी लगती और सोचकर क्रोध भी आता, कि सारे जग के रखवाले ईश्वर को यह एक मामूली औरत एक महीने का बच्चा समझ रही है!

कोई तरकीब, कोई उपाय, कोई चमत्कार नहीं था इससे बचने का। इस तरह एक-एक घंटा, एक-एक दिन, एक-एक सप्ताह करके किसी तरह एक महीना बीता। बच्चे को देखने आनेवाले कहते कि यह बच्चा बड़ा सुन्दर है। बिलकुल माँ पर गया है। और माँ कहती, कि मेरे बेटे को न जाने किसकी नज़र लगी है कि हमेशा रोता रहता है। डॉक्टर को दिखाते हैं तो कहता है कि कुछ नहीं है। बच्चे को कोई परेशानी नहीं है। बच्चा पूरी तरह स्वस्थ है लेकिन बच्चा फिर भी रोता है। डॉक्टर कहता है कि इसका कारण कुछ समझ में नहीं आता। मैं परेशान हूँ। करमजले डॉक्टरों को कुछ भी तो नहीं आता।

'माँ' के इस कथन पर ईश्वर कसमसाते हैं। कहते हैं कि औरत तू झूठ बोलती है कि मैं रोता हूँ। मैं कहाँ रोता हूँ। मैं तो तुझसे इतना ही कह रहा हूँ कि मुझे एक महीने का बच्चा मत समझ। मुझ पर रहम कर। मैं तेरे हाथ जोड़ता हूँ, तेरे पाँव पड़ता हूँ पर तू मानती नहीं, रट लगाए रहती है मेरा बच्चा, मेरा बच्चा। अरे, मैं ईश्वर हूँ, ईश्वर! तेरा और तेरे पितामहों का ईश्वर! सबका पालनहार! लेकिन इसे तो मैं रोनेवाला बच्चा नज़र आता हूँ। अजीब अहमक औरत है। पागल है, बावली है, इससे छुटकारा कैसे मिलेगा, समझ में नहीं आता।

एक दिन तंग आकर ईश्वर उसका गला दबाने के लिए हाथ आगे बढ़ाते हैं लेकिन 'माँ खुश होकर कहती है देखो-देखो, मेरा एक महीने का प्यारा लाल मेरे चेहरे की ओर कैसे अपने छोटे-छोटे कोमल-कोमल हाथ बढ़ा रहा है! कितना चाहता है मुझे! अपनी माँ को बच्चा कितनी जल्दी पहचानता है!

एक और दिन ईश्वर तंग आकर 'माँ' को दो-चार झापड़ मारकर उसे ही होश में लाना चाहते हैं लेकिन 'माँ' कहती है, देखो-देखो, मेरा लाल अपने कोमल-कोमल हाथों से मेरे गालों को छू रहा है। कितना प्यारा स्पर्श है इसका!

ईश्वर यह सब देखकर तड़पते हैं। छटपटाते हैं लेकिन बच्चे के बच्चे ही बने रहते हैं। उन्हें छुटकारा नज़र नहीं आता। उन्हें समझ में नहीं आता कि किससे प्रार्थना करें, किससे विनती करें, किसे पुकारें! जो है, उनसे छोटा है। जो है, उनसे कम समर्थ है! जो है, उनकी कृपा पर निर्भर है! उनके तो कोई माता-पिता भी नहीं हैं, उनकी स्मृति भी नहीं है कि उनके सामने रो सकें, कि उनकी तस्वीर के सामने आँसू बहा सकें।

ईश्वर तुरन्त इस नतीजे पर पहुँचते हैं कि उन्हें ईश्वर नहीं होना चाहिए था। उन्हें कोई ऐसा प्राणी होना चाहिए था जिसका जन्म होता हो, जिसे रोग-शोक होता हो, जो मरता हो। ईश्वर होने से बुरा कुछ भी नहीं है! सबके सहाय ईश्वर से असहाय कोई नहीं!

लेकिन थोड़ी ही देर बाद वह अपने नतीजे को गलत मानने लगते हैं। उन्हें ईश्वर होने के लाभ नज़र आने लगते हैं। मगर फिर जैसे ख़्याल आने लगता है कि सर्वशक्तिमान, सबका त्राता, सबका पालनहार ईश्वर होते हुए भी उन्हें एक स्त्री ने अपना बच्चा बना लिया है, तो उनकी उदासी बढ़ जाती है।

और अब उन्हें बच्चे के रूप में अपना रोना खुद भी सुनाई देने लगा है। उन्हें यह विश्वास हो गया है कि वे सचमुच खुद ही रो रहे हैं और इसलिए रो रहे हैं कि उन्हें भूख लग आई है और उनकी माँ है कि आधी नींद में सोई हुई है। वह माँ के जागने तक, स्तन पिलाने तक, अपना रोना जारी रखते हैं। वह इस कैद को स्वीकार कर लेते हैं।

❑❑❑

किसी और दिन ईश्वर को सपना आया कि वह हवाई जहाज़ में बैठे हैं। विमान में नहीं, हवाई जहाज़ में।

उन्हें बहुत मज़ा आया कि वह धरती से भी ऊपर, अन्तरिक्ष से भी परे, देवलोक से भी ऊपर उड़े जा रहे हैं। रास्ते में सूर्य आ रहे हैं, चन्द्र आ रहे हैं, तारे आ रहे हैं, ग्रह और नक्षत्र आ रहे हैं। इतना सघन अँधेरा, इतनी तेज रोशनी, इतने गहरे रहस्य आ रहे हैं और जा रहे हैं। इतनी जगमग, इतनी टिमटिम, इतना नील विस्तार, इतनी विराटता को इतनी गति के बीच देखकर उन्हें लगता है कि इससे आनन्दमय, इससे अलौकिक और इससे यथार्थ कुछ भी नहीं है।

लेकिन जब यह गति, यह विराटता, यह चमक, यह अँधेरा, यह रहस्य ख़त्म ही होने को नहीं आता, तो ईश्वर की तन्मयता टूट जाती है। आनन्द, भय में बदल जाता है। उत्सुकता, यातना में परिवर्तित हो जाती है। मगर हवाई जहाज़ है कि उड़ता चला जा रहा है। उसकी गति कम नहीं हो रही है, उसका रास्ता समाप्त ही नहीं हो रहा है। विराटता अपना एक से एक नया रूप, एक से एक अद्‌भुतता दिखा रही है। लेकिन देखने-समझने-ग्रहण करने-खोने-चमत्कृत होने का आनन्द अब समाप्त हो गया है। यह भय ईश्वर को खाए जा रहा कि वह हवाई जहाज़

कहीं उतरेगा भी या नहीं? इस विराटता की सीमा कहीं है या नहीं? इन रंगों, ध्वनियों, आकाशगंगाओं का कोई ओर-छोर है या नहीं? यह तो पता चले कि जाना कहाँ है? कब तक चलना है? कुछ पता ही नहीं है। बस हवाई जहाज़ है और ईश्वर है और यह यात्रा है। सेकेंड, मिनट, घंटे, दिन, महीने, वर्ष बीतते-बीतते दशक और शतक भी बीत रहे हैं लेकिन यात्रा खत्म नहीं हो रही है।

हवाई जहाज़ में इतनी जगह भी नहीं है कि टहला जा सके या खड़ा रहा जा सके। टट्टी, पेशाब, खाना, चाय सबका इन्तज़ाम है। कोई कष्ट नहीं है, यही कष्ट है।

ईश्वर सोना चाहते हैं यात्रा में लेकिन सो नहीं पाते हैं। इतना प्रकाश है, इतने रंग हैं, इतनी ध्वनियाँ हैं, इतने विस्फोट हैं, इतने सम्मोहन और इतने भय हैं कि उन्हें नींद नहीं आती। फिर भी शरीर नहीं थकता। बस मन थकता जाता है। ऊब और घबराहट से भरता और मरता जाता है।

ईश्वर अब तक सबकुछ मौन रहकर देख-सुन-महसूस कर रहे थे। वह बोलते किससे? फिर भी उनकी इच्छा बोलने की होती थी। और कोई नहीं है तो वह स्वयं तो अपना बोलना सुन सकते हैं। वह बोलते हैं लेकिन उनके कंठ से निकला स्वर हवाई जहाज़ के वायुमंडल में जाकर विलुप्त हो जाता है। वह अपनी ही कही हुई बात, खुद भी नहीं सुन पाते। उनके कानों में कोई ध्वनि नहीं पहुँचती। कोई काल्पनिक जवाब तक हवाई जहाज़ के वायुमंडल में उनके पास तैरकर नहीं आता।

यह सब ईश्वर के लिए बर्दाश्त के बाहर हो जाता है। धैर्य की सारी सीमाएँ टूट जाती हैं। वह सीट पर बैठे-बैठे पैरों से ज़ोर-ज़ोर से हवाई जहाज़ का फर्श पीटते हैं, हाथों से हवाई जहाज़ की दीवारें और छत तोड़ने का प्रयत्न करते हैं। लेकिन कहीं कोई ध्वनि नहीं निकलती। हवाई जहाज़ की चादर पर कोई असर नहीं पड़ता। हवाई जहाज़ यथावत् उड़ता चला जाता है।

प्रकाश और रंगों के एक अपूर्व समुद्र से गुज़रने के बाद हवाई जहाज़ एक बोगदे जैसी जगह में प्रवेश कर जाता है। यहाँ पर चारों तरफ अँधेरा ही अँधेरा है। हवाई जहाज़ के अन्दर और बाहर एक जैसा अँधेरा है। लेकिन अब कानों को फोड़नेवाली आवाज़ आने लगी है, जो पहले नहीं थी। उनका सिर फटने लगता है। दिमाग़ चूर-चूर होने लगता है। लगता है कि वे पागल हो जाएँगे। वे अपना सिर हवाई जहाज़ की दीवार से टकराने लगते हैं। उसे हाथों से पीटने लगते हैं लेकिन कुछ नहीं होता। सिर पर एक हल्की-सी चोट नहीं लगती। हवाई जहाज़

की कान फोड़नेवाली आवाज़ में अपनी चीख भी सुनाई नहीं देती। बस लगता है कि चीख निकली है। कहीं पहुँची होगी। किसी ने उसे सुना होगा। कोई मदद के लिए आ रहा होगा कि तभी ईश्वर की नींद खुल जाती है। दुःस्वप्न आँखों के सामने से दूर हो जाता है लेकिन दिमाग़ में बोगदे में जाता हवाई जहाज़ है जो रुकता नहीं है। भयंकर शोर के बीच वह उड़ता जा रहा है—भयंकर अँधेरे की तरफ़।

पौ फटती है। हल्की-सी रोशनी होती है। फिर सूर्य नारंगी से पीला होता है। सारी चीज़ें साफ़ नज़र आती हैं लेकिन ईश्वर का हवाई जहाज़ बोगदे की भीतर उड़ता रहता है। उसकी कानफोड़ू आवाज़ और तेज़ हो गई है। उसकी गति में जो संतुलन था, वह बिगड़ गया है। हवाई जहाज़ के बोगदे की दीवारों से टकराने का खतरा बढ़ गया है। विस्फोट बस होने ही वाला है। महाविस्फोट! ईश्वर डर गए हैं। क्या उनके भी चिथड़े-चिथड़े उड़ जाएँगे?

पृथ्वी पर जानवर घरों से चल दिए हैं जंगलों की तरफ़। मज़दूर मिल की तरफ़। किसान खेत की तरफ़। बच्चे उठ चुके हैं। आज उनका छुट्टी का दिन है। चारों तरफ़ उनका शोर है।

विस्फोट के भय से केवल ईश्वर डरा हुआ है।

❑❑❑

मनुष्य के चोले में रहते-रहते ईश्वर को इतने दिन हो गए थे कि यह चोला पुराना और गंदा हो गया था मगर उन्हें इससे इतना प्रेम हो गया था कि वह इसे उतारना नहीं चाहते थे।

स्वर्ग से सुर-नर-मुनि सब प्रार्थना करने आए कि प्रभु यह चोला छोड़िए और स्वर्ग चलिए। आप इतना गंदा चोला पहने रहते हैं, इससे हमारी इज़्ज़त को बट्टा लगता है। कल को किसी मनुष्य को यह पता चला कि ईश्वर होकर भी आपके पास मनुष्य का इतना गंदा चोला है, तो भद्द होगी।

ईश्वर ने कहा, 'दरअसल, मनुष्य को जानने का काम थोड़ा और रह गया है। वह पूरा होते ही मैं यह चोला छोड़ दूँगा। मैं कोई मनुष्य थोड़े ही हूँ जो मुझे इस चोले से प्रेम हो।'

स्वर्ग से आए सुर-नर-मुनि सब स्वर्ग वापिस चले गए लेकिन मनुष्य को जानने का काम पूरा होते-होते भी हमेशा अधूरा रह जाता था। मंज़िल हमेशा दूर

खिसकती जाती थी। मनुष्य के बारे में किए गए पुराने निर्णय उन्हें बदलने पड़ते थे। नए निर्णयों पर भी स्थिर रहना मुश्किल जान पड़ता था।

इसका नतीजा यह हुआ कि मनुष्य का चोला तार-तार हो गया और एक दिन ईश्वर को इस डर से स्वर्गारोहण करना पड़ा कि कहीं कोई उनके मनुष्य के चोले में से झाँकता ईश्वर न देख ले!

❑❑❑

इन्द्र-सभा में ईश्वर से पूछा गया कि सुना है, पृथ्वी पर इस सवाल पर बहस है कि रोटी ज़रूरी है या वाणी की स्वतन्त्रता? देखने-सुनने के बाद इस बारे में आपका क्या विचार बना?

ईश्वर ने कहा, 'मैं वाणी की स्वतन्त्रता के पक्ष में हूँ। रोटी का क्या है, रोटी तो कम्युनिस्ट देशों के लोगों को भी मिल जाती है। वाणी की स्वतन्त्रता तो अमेरिका जैसे देश में ही नसीब है।'

'लेकिन सुनते हैं...' एक देवता ने कुछ कहने की कोशिश की। इन्द्र ने टोका, 'नियमानुसार प्रति-प्रश्न की अनुमति नहीं है।' मगर ईश्वर ने कहा, 'पूछने दीजिए।'

'लेकिन सुनते हैं कि अमेरिका में भी वाणी की स्वतन्त्रता सुरक्षित नहीं है।'

ईश्वर झल्ला उठे। बोले, 'जहाँ ईश्वर सुरक्षित है, वहाँ सब सुरक्षित है।'

'रोटी भी?'

'रोटी? रोटी क्या ईश्वर से बड़ी है?'

देवता यह कैसे कह सकता था कि रोटी ईश्वर से बड़ी है। फिर भी उसने साहस करके कहा, 'तुलसीदास के अनुसार, 'भूखे भजन न होहिं गुपाला'।'

'ये सोलहवीं सदी की बातें हैं। भारत इक्कीसवीं सदी में प्रवेश करने जा रहा है।'

❑❑❑

इन्द्र की सभा में ईश्वर से पूछा गया कि धरती पर सबसे अत्याचारी शासक कौन है? कुछ लोग कहते हैं कि कंस और रावण बहुत पीछे छूट चुके हैं।

ईश्वर का जवाब था, 'यह जानने में मेरी दिलचस्पी नहीं थी। मैंने शासकों की बजाय जनता को जानना ज़रूरी समझा।'

एक देवता ने प्रश्न किया, 'क्या इन लोगों ने कभी आपको अत्याचारियों के बारे में कुछ नहीं बताया?'

ईश्वर को मौन देखकर इन्द्र ने व्यवस्था दी कि इन्द्र-सभा में जिज्ञासा व्यक्त करने की अनुमति है, प्रश्न पूछने की नहीं। अभी जो कहा गया, वह प्रश्न था, जिज्ञासा नहीं।

इस पर इन्द्र-सभा में मौन छा गया। सभा विसर्जित हो गई।

❑❑❑

ऋषियों-मुनियों-देवताओं की सभा में ईश्वर से गायों और ब्राह्मणों की दशा के बारे में पूछा गया।

ईश्वर का जवाब था : 'कुछ ब्राह्मणों को गाय खा रही है और कुछ गायों को ब्राह्मण।'

❑❑❑

ईश्वर ने जो बात इन्द्र-सभा में नहीं बताई, वह यह थी कि उन्होंने धरती पर खड़ाऊँ पहनना छोड़ दिया था। उनका मन तो चमड़े के जूते पहनने का था मगर धर्म के रक्षार्थ उन्होंने कपड़े के जूते पहनकर सन्तोष कर लिया था।

❑❑❑

स्वर्ग में कुछ दिनों साफ-सफाई की व्यवस्था क्या गड़बड़ हुई कि वहाँ मच्छर पैदा हो गए!

स्वर्ग में ईश्वर के अलावा कोई था नहीं। लिहाजा मच्छरों ने मज़बूर होकर अपने जन्मदाता को ही अपना पालनहार भी बना लिया अर्थात् वे ईश्वर का ही खून पीने लगे। ईश्वर चूँकि ईश्वर थे इसलिए उनका खून भी ईश्वरीय अर्थात् अत्यन्त सुस्वादु एवं तृप्तिकर था। मच्छर खूब मोटे होने लगे। कछुए की तरह सख्त और चिरायु होने लगे।

स्वर्ग कोई धरती तो था नहीं कि ईश्वर जिसे चाहे, जब चाहे मार देते। स्वर्ग, स्वर्ग था और उसमें किसी को मारा नहीं जा सकता था। कुछ ईश्वरों ने चोरी-छुपे

मारने की कोशिश भी की तो मच्छर मरे नहीं। वे भी ईश्वर की तरह अमर हो चुके थे। आखिर वे ईश्वर का खून रोज़ जो पी रहे थे।

स्थिति यह आ गई कि ईश्वर को सोचना पड़ा कि स्वर्ग में मच्छर रहें या ईश्वर! काफी बहस-मुबाहिसे के बाद तय हुआ कि ईश्वर स्वर्ग में नहीं रहेंगे, पृथ्वी पर रहेंगे। वहाँ मच्छरों को मारने की इजाज़त है और उन्हें भगाना तथा मारना संभव है।

❑❑❑

स्वर्ग में या तो ईश्वर थे या भक्त। तीसरा कोई नहीं था। भक्त, ईश्वर की भक्ति करते और प्रसन्न रहते। ईश्वर भी अपनी भक्ति करवाकर मग्न रहते।

इस तरह कल्प-कल्पान्तरों तक सब ठीक रहा लेकिन धीरे-धीरे भक्त भूल गए कि ईश्वर की आराधना ही उनका परम ध्येय है। वरन् वे अपने को एक जाति मानने लगे और ईश्वर को दूसरी जाति। यहाँ तक कि कुछ भक्त तो अपने को ईश्वर से भी श्रेष्ठ जाति का बताने लगे। ईश्वर इस बात को भला कैसे मंजूर करते? लिहाजा ईश्वर और भक्त में कलह होने लगी। ऐसा भी हुआ कि भक्त, ईश्वर की और ईश्वर, भक्त की हत्या करने लगे।

स्वर्ग इस तरह नर्क बन गया। ईश्वर ने भक्तों से कहा कि स्वर्ग हमारा है। भक्तगण यहाँ से निकल जाएँ। भक्तों ने कहा, 'हम नहीं जाते। तुम्हें तकलीफ़ हो तो तुम चले जाओ। इस स्वर्ग को स्वर्ग हमने बनाया है। हमारे बाप-दादों ने मेहनत की है। खून-पसीना बहाया है। स्वर्ग हमारा है।'

भक्तों की हिम्मत इतनी बढ़ी कि उन्होंने ईश्वर को स्वर्ग का अधिपति मानने से भी इनकार कर दिया। लोकतन्त्र की माँग की। ईश्वर ने चुनाव कराने से इनकार कर दिया, क्योंकि स्वर्ग में भक्तों की जनसंख्या ईश्वर से ज़्यादा थी।

स्वर्ग में आन्दोलन, धरने, गिरफ्तारियाँ, हत्याएँ, लूटपाट होने लगीं।

ईश्वरों में जो शान्तिप्रिय थे, वे चुपचाप बोरिये-बिस्तर उठाकर धरती पर आ गए और यहाँ गुमनाम जीवन जीने लगे।

❑❑❑

ईश्वर वापस स्वर्ग पहुँचे तो अपने नास्तिक दोस्त और इस दुनिया की कृपा से इतने बदल चुके थे कि उनकी इच्छा होने लगी थी कि सबको खाना, कपड़ा, घर और न्याय मिले। सब बराबर हों।

देवता उनके इन विचारों से बड़े चिन्तित हुए। उन्हें डर लगा कि कहीं धरती की यह छूत स्वर्ग में न लग जाए। उन्होंने ईश्वर को यह बताया कि यह कर्मफल के सिद्धान्त के विपरीत है और बराबरी की बातों में विश्वास रखनेवाले वे ही लोग हैं, जो ईश्वर को नहीं मानते।

लेकिन ईश्वर के मन में द्वन्द्व चलता रहा, जिसे उन्होंने किसी को नहीं बताया। एक दिन वह स्वर्ग से लापता हो गए और ढूँढे नहीं मिले।

यह ईश्वर ही जानता है कि अगर वह है तो कहाँ है!

ईश्वर और चुनाव

जब ईश्वर ने शेर और बकरी को एक घाट पर पानी पीते देखा तो उन्हें बेहद आश्चर्य हुआ।

उन्होंने शेर को अलग ले जाकर पूछा, 'आखिर माजरा क्या है? या तो तुम बकरी बन गए हो या बकरी शेर बन गई है वरना शेर और बकरी एक ही घाट पर पानी कैसे पी सकते हैं?'

शेर ने जवाब दिया, 'न मैं बकरी बना हूँ, न बकरी शेर बनी है। बात यह है कि मैं चुनाव में उम्मीदवार हूँ और बदकिस्मती से बकरी मेरी मतदाता है।'

2

एक उम्मीदवार जब चुनाव-प्रचार के लिए गली-मोहल्लों में जाता तो लोग उसे अपने घर की ओर आता देखकर दरवाज़े बन्द कर लेते। कुछ उसे गली के सिरे पर ही रोक लेते। कुछ उसे गाली देते, कुछ उस पर थूक देते। वह उम्मीदवार किसी का पैर ज़बरदस्ती पकड़ लेता तो उम्मीदवार को धक्का देकर वह अपने पैर छुड़ा लेता। कोई उसे जूतों का हार पहना देता।

ईश्वर उस उम्मीदवार के धैर्य पर मोहित हो गए। उन्हें याद आया कि उन्होंने भी कभी किसी आदमी के धैर्य की इसी तरह से और इतनी अधिक परीक्षा नहीं ली है, जितनी कि यह उम्मीदवार अपने मतदाताओं के सामने दे रहा है और फिर भी मैदान में डटा हुआ है।

ईश्वर उस उम्मीदवार की हालत देखकर विगलित हो गए और उनकी आँखों की कोरों में आँसुओं की दो बूँदें चमक आईं। उन्होंने उस उम्मीदवार से अकेले में पूछा, 'वत्स, तुममें इतना धैर्य कहाँ से आया?'

उस उम्मीदवार ने आस-पास देखा कि कोई सुन तो नहीं रहा है। फिर वह बोला, 'ऐसा है प्रभुजी, पूर्वज कह गए हैं कि मजबूरी का नाम महात्मा गाँधी है वरना तो जी हम भी मुँह में ज़ुबान तथा कमर में एक के-47 रखते हैं। समझे न आप!'

3

एक उम्मीदवार ने ईश्वर को सड़क पर चलते देखा तो उन्हें पकड़ लिया। पहले तो उन्हें प्रणाम किया, फिर अपने गले का हार उनके गले में डाला। फिर अपनी पार्टी का और स्वयं अपना परिचय दिया। उनसे वोट देने की पुरज़ोर अपील की और अन्त में पूछा कि बताइए मैं आपकी क्या सेवा कर सकता हूँ।

ईश्वर ने भी अपना परिचय देते हुए कहा, 'ऐसा है, मेरी सेवा तो सब करते हैं मगर आप चुनाव के बाद जनता की सेवा ज़रूर करते रहना। यही मेरी सच्ची सेवा होगी।'

नेता ने व्यंग्य से कहा : 'अवश्य! अवश्य! आज यह जनता हम नेताओं को जितना नचा रही है न, उतना ही हम भी इसे नचाकर रहेंगे। इस जनता की तो हम पूरी-की-पूरी सेवा कर देंगे, ईश्वरजी! आप निश्चिन्त रहो। अच्छा फिर मिलेंगे।'

और वह उम्मीदवार दाँत भींचते हुए ईश्वर को अपने पीछे छोड़ते हुए तेज़ी से आगे बढ़ गया।

4

ईश्वर ने देखा कि चौराहों पर नेता एक-दूसरे को देखकर तो उलझ पड़ते हैं मगर जनता के सामने मुस्कुराते हैं, घिघियाते हैं, चरण छूते हैं, माफी माँगते हैं, अपनापन जताते हैं, रिश्ता जोड़ने लगते हैं। कुछ नेताओं ने तो नकली पूँछ भी फिट करा रखी है और जनता को देखते ही उसे हिलाने लगते हैं। साथ ही आँखों से करुणा-दया की भीख माँगने लगते हैं।

ईश्वर को पहले तो यह गोरखधन्धा समझ में नहीं आया कि भाई-भाई होते हुए भी नेता एक-दूसरे को गुस्से से घूरते क्यों हैं और जिस जनता से उनकी दूर-दूर की भी कोई रिश्तेदारी नहीं, उसे देखकर पूँछ क्यों हिलाने लगते हैं!

लेकिन ईश्वर जब समझना ही चाहें तो उन्हें क्या कुछ समझ में नहीं आ सकता! उन्हें समझ में आ गया कि ये चुनाव के दिन हैं। चन्द दिनों के लिए जनता, नेताओं की मालिक बनी हुई है। इसलिए उसे देखकर नेता पूँछ हिलाते हैं और जनता को यह पक्का विश्वास दिलाने के लिए कि वे उसके दरअसल पूँछ हिलानेवाले वफादार पशु हैं, एक-दूसरे पर भौंकते भी हैं।

नेता जानते हैं कि अन्ततः इसी का असर होता है।

5

बात 1996 की है। ईश्वर ने एक दिन देखा कि एक काले भैंसे पर एक दुबला-पतला, मरियल-सा आदमी बैठा चला आ रहा है। गले में उसके तीन-चार मालाएँ हैं। वह देख-देखकर मुस्कुरा रहा है।

उसके पन्द्रह दिन बाद ईश्वर ने इसके विपरीत दूसरा दृश्य देखा। उस दुबले-पतले मरियल आदमी पर काला भैंसा सवार है। फूलमालाएँ इस बार आदमी के नहीं, भैंसे के गले में थीं बल्कि दो-चार नहीं, दर्जनों थीं और इस बार मुस्कुराने की बारी भी भैंसे की थी।

ईश्वर ने बहुत सोचा कि ऐसा क्यों? तो पता चला कि पहला दृश्य मतदान से पहले का था और दूसरा दृश्य मतदान के बाद का। बाद में भी उनको ऐसे ही दृश्य देखने को मिले लेकिन वे अब परेशान नहीं होते थे।

6

ईश्वर ने देखा कि एक लाश ज़मीन पर पड़ी है। एक नेता उसकी टाँगें खींच रहा है, दूसरा नेता उसका सिर। एक नेता कह रहा है कि इसकी हत्या मैंने करवाई है, इस पर मेरा हक है। दूसरा कह रहा है कि इसके लिए सुपारी मैंने दी थी, इस पर मेरा हक है। एक नेता कह रहा है कि चुनाव में इसका इस्तेमाल मैं करूँगा, दूसरा कह रहा है कि तुम नहीं, मैं करूँगा। एक नेता कह रहा है कि तू दूसरे की हत्या करके उसकी लाश का इस्तेमाल क्यों नहीं करता? दूसरा कह रहा है कि दूसरे की हत्या तू करवाकर तू खुद उसकी लाश का इस्तेमाल क्यों नहीं करता?

एक नेता ने कहा कि अच्छा इसका धड़ मेरा, बाकी सब तेरा। दूसरे नेता ने कहा कि नहीं धड़ मेरा, बाकी सब तेरा। अन्त में उनमें समझौता इस बात पर

हुआ कि दोनों इस लाश को अपनी तरफ़ खीचेंगे, जिसके हाथ में लाश का जो हिस्सा आएगा, वह उसका इस्तेमाल करेगा।

ईश्वर को यह देखकर उबकाई आई और वहाँ से भागकर वह मन्दिर में आ गए और रोने लगे।

अगर उसी समय मन्दिर की घंटियाँ बजनी शुरू नहीं हो जातीं तो सारी दुनिया को यह पता चल जाता कि ईश्वर धाड़ें मारकर रो रहे हैं।

7

चुनावों में ईश्वर के लिए झूठ और सच में फर्क करना दिनोंदिन मुश्किल होता जा रहा था। जो जितना झूठा था, उतना ही ज़्यादा चीख-चीखकर बोलता था लेकिन जो जितना सच्चा था, उसकी आवाज़ उतनी ही कमज़ोर होती थी।

जो झूठा था, वह सबको हर दिशा से घेर लेता था लेकिन जो सच्चा था, वह खुद झूठों से घिर जाता था।

जो झूठा था, उसका सीना फूला रहता था, लेकिन जो सच्चा था, उसके सीने में हमेशा दर्द रहता था।

ईश्वर अपनी इस मुश्किल को सुलझाने के लिए हंस के पास गए क्योंकि उसके पास नीर-क्षीर विवेक होता है। वह दूध का दूध और पानी का पानी कर देता है।

मगर हंस भी दूध का दूध और पानी का पानी नहीं कर सका, क्योंकि दूध, दूध नहीं था, झूठ और फरेब का फेन था और पानी भी पानी नहीं था, नेताओं की कै और कफ था।

8

मनुष्य यद्यपि ईश्वर की ही रचना है मगर ईश्वर की इस रचना ने क्या-क्या रचनाएँ कर डाली हैं, यह जानना ईश्वर के लिए कभी पूरी तरह सम्भव नहीं हो पाया। चुनाव आए तो उन्हें पता चला कि मनुष्य ने कार, टेलिविजन, टूथपेस्ट, हेयर डाई, चावल और आटे के साथ सत्य भी ब्रांड नाम से बेचना शुरू कर दिया है। कोई आई.एस.आई. मार्क कांग्रेस ब्रांड सत्य बेच रहा है तो कोई आर. आर. एस. ब्रांड

भाजपा सत्य, कोई समाजवाद छाप सत्य बेच रहा है तो कोई लालू छाप राष्ट्रीय जनता दल सत्य।

हर ब्रांडवाले का दावा है कि उसके ब्रांड का सत्य ही 'वर्ल्ड क्लास' सत्य है। विदेशी पूँजी तथा तकनीक से बना है। जीवन को सबसे ज़्यादा झागदार और मुलायम बनाने में असरदार है।

ईश्वर को अहसास हुआ कि इस दुनिया में अपना सत्य उन्होंने मुफ्त में बाँटा तो कोई नहीं लेगा, उसे बेचना होगा और प्रामाणिक बनाने के लिए उसे ब्रांड नेम देना होगा।

लेकिन चुनाव आ चुके थे। तत्काल विदेशी पूँजी तथा विदेशी टेक्नोलॉजी उन्हें भी कहाँ से मिलती! उन्होंने घरेलू स्तर पर 'ईश्वर ब्रांड सत्य' का उत्पादन किया। वे खुश थे कि शुद्ध स्वदेशी साधनों से बना सत्य, सस्ता और मुफीद होने के कारण खूब बिकेगा।

मगर बाज़ार गए तो दुकानदारों ने शिकायत की कि माल की 'पैकेजिंग' ठीक नहीं है। इसे कोई नहीं लेगा। फिर कमीशन सिर्फ़ पाँच परसेंट है। इसे कौन बेचकर कौन अपना पटरा बैठाना पसन्द करेगा!

'ईश्वर ब्रांड सत्य' बस अड्डों पर बालपेन, पेंचकस और 'स्वस्थ रहने के सौ घरेलू उपायों' के साथ बिकने लगा। प्रचारक कहता—'कम्पनी के प्रचार के लिए सिर्फ़ इसकी कीमत दो रुपया। बाज़ार में जाकर खरीदोगे तो यह पाँच रुपए में मिलेगा।'

मगर बाद में बस अड्डों पर भी 'ईश्वर ब्रांड' सत्य बिकना बन्द हो गया। दिन में इसके सिर्फ़ दस नग बिकते थे और 'प्रचारक' का पेट उससे भरता नहीं था।

9

चुनाव के दौरान ईश्वर मुम्बई गए। सुबह-सुबह वह एक रेस्तराँ में चाय पीने गए। उनके पहुँचते ही दुकानदार ने कहा, 'ऐ फड़का मारो। साहेब आएला है।'

अपने लिए 'साहेब' शब्द सुनकर ईश्वर चौंके। उन्होंने अपने कपड़ों पर नज़र डाली। कपड़े साहबवाले नहीं थे। फिर उन्होंने दुकानदार से कहा, 'मैं साहब नहीं हूँ।'

दुकानदार ने कहा, 'कोई वांदा नईं। हमारी होटल में आनेवाला सबच साहेब होता है।...बोलो क्या लेने का है।'

मगर ईश्वर तो साहेब वाली बात पर अड़े हुए थे। उन्होंने कहा, 'मगर मैं साहब नहीं, ईश्वर हूँ।'

दुकानदार ने कोई आश्चर्य प्रकट नहीं किया और बोला, 'ओ, आप ईश्वर होयेला है। नमस्कार साहेब। इदर किसी को चुनाव जिताने को आया होंगा। आजकल इदर दिल्ली से बड़ा-बड़ा नेता आता है।...क्या लेने का है तुमको?'

लेकिन ईश्वर चाय का आर्डर देना भूल अपनी सफ़ाई देने लगे, 'मैं किसी को चुनाव जिताने-हराने नहीं आया हूँ।'

दुकानदार ने जवाब दिया, 'चुनाव के बखत तुम्हारा सरखा बड़ा आदमी और कायको आएँगा साहेब। कुच लेने का है क्या?'

ईश्वर ने फिर इस बात की तरफ़ ध्यान नहीं दिया और अपनी सफ़ाई देने लगे, 'मैं तुम्हारा शहर देखने आया हूँ।'

अब तक दुकानदार नाराज़ हो चुका था। 'मेरे को लगता है कि तुम इदर चाय पीने को नईं, खाली-पीली बोम मारने आया है। इसको मुम्बई बोलता है साहेब। ये काशी-मथुरा नईं है। इदर आदमी के पास बखत खोटी करने का नहीं होता।'

अन्ततः ईश्वर ने चाय माँगी।

चाय के साथ चाय का बिल भी आ चुका था।

10

ईश्वर ने 'खादी भंडार' के आगे एक विचित्र दृश्य देखा। लोग सूट या सफारी पहनकर अन्दर जाते थे और खादी का कुरता-पायजामा-चप्पल पहनकर मुस्कुराते हुए तथा हाथ जोड़ते हुए बाहर आते थे।

ईश्वर ने सोचा कि शायद अन्दर नेता बनाने की मशीन है, चलकर देखना चाहिए।

अन्दर गए तो काउंटर पर खड़ा कर्मचारी मुस्कुराकर बोला, 'आइए-आइए नेताजी, इस बार किस पार्टी का टिकट पाए हैं आप? पिछली बार तो शायद कांग्रेस के टिकट पर चुनाव लड़े थे।'

ईश्वर भी मज़ा लेने के मूड में थे। उन्होंने अपनी सही पहचान नहीं बताई। उन्होंने जवाब दिया, 'इस बार बसपा का टिकट लिया हूँ।'

'का बीजेपी का टिकट नहीं मिला आपको?' काउंटर पर खड़े कर्मचारी ने आश्चर्यचकित होकर पूछा।

ईश्वर ने कहा, 'अप्लाई तो हम वहाँ भी किए थे मगर वो टिकट दिया नहीं। कांग्रेस टिकट ऑफर किया था मगर हम बसपा को पसन्द किए। वैसे अब बीजेपीवाला पछता रहा है कि हमको टिकट काहे नहीं दिया।'

'तो आप चुनाव के बाद शामिल हो जाइएगा न, बीजेपी में। देश को भी 'अस्टेबलिटी' मिल जाएगा और आपको भी,' उस कर्मचारी ने सुझाव दिया।

ईश्वर ने मुस्कुराते हुए जवाब दिया, 'सोच तो हम भी यही रहे हैं।'

11

ईश्वर ने पाया कि चुनाव के दौरान दूरदर्शन अपराधियों को वोट न देने की अपील कर रहा है तो इससे प्रेरणा लेकर ईश्वर ने भी अपने कैम्प ऑफिस से एक वक्तव्य अपराधियों को वोट न देने के लिए जारी कर दिया। उन्होंने सोचा था कि उनके वक्तव्य पर उनका पता देखते ही उनके पास टीवी चैनलवाले कैमरे लेकर दौड़े-दौड़े आएँगे, लेकिन कैमरेवाले तो क्या, कोई पत्रकार कलम तक लेकर उनके पास नहीं आया। अलबत्ता एक गुमनाम से दैनिक के सातवें पृष्ठ के आठवें कालम में सबसे नीचे उनका वक्तव्य कट-छँटकर ज़रूर छप गया। ईश्वर इसी से खुश थे। आखिर किसी ने तो उनकी सुध ली!

उनकी यह खुशी अभी काफूर भी नहीं हुई थी कि कई दलों के नेता ईश्वर के पास सुबह-सुबह पहुँचे गए। वे ईश्वर के वक्तव्य से काफ़ी नाराज़ थे और वे चाहते थे कि ईश्वर उसे वापस ले लें। ईश्वर ने उनसे पानी और चाय के लिए आग्रह किया, तो उन्होंने यह कहकर उसे ठुकरा दिया कि उनके पास फुरसत नहीं है। अन्त में ईश्वर ने चरणामृत और प्रसाद उन्हें दिया तो उसे उन्होंने अवश्य श्रद्धापूर्वक ग्रहण कर लिया।

लेकिन फिर भी नेताओं का गुस्सा कम नहीं हुआ। उन्होंने ईश्वर से सख्त शब्दों में कहा, 'देखिए ईश्वरजी, यह भौतिक संसार है। इसके स्वामी हम हैं। हमारे मामलों में पड़कर आपकी अपने-आपको विवादास्पद नहीं बनाना चाहिए। हमारी मर्जी हम अपराधी को टिकट दें या बलात्कारी को, भ्रष्ट को दें या दलाल को। यह हम मनुष्यों का आन्तरिक मामला है। चुनाव समीकरण हमें देखने पड़ते हैं, आपको नहीं। और अगर आपको लगता है कि हम गलत कर रहे हैं तो मरने

के बाद धर्मराज के दरबार में तो हम आएँगे ही। वहाँ देख लीजिएगा। क्या करिएगा, आप ज़्यादा-से-ज़्यादा रौरव नरक में ही तो हमें भिजवाइएगा, भिजवा दीजिएगा। लेकिन अभी आपने हमारा खेल बिगाड़ा तो हम भी नेता हैं, हम भी आपका खेल बिगाड़ सकते हैं। इसलिए सावधान! अच्छा प्रभो, चरण-स्पर्श और अब हमें इज़ाजत दीजिए। सहयोग के लिए धन्यवाद।'

यह सुनकर ईश्वर के मुँह से बोल नहीं फूटे। जब तक वे कुछ कहने की हालत में आए, तब तक नेता टाटासूमो से गायब को चुके थे।

12

बेईमानों, चोरों, डाकुओं, लफंगों, घोटालेबाजों, रिश्वतखोरों, दलालों, साम्प्रदायिकों और जातिवादियों को कई जगह चुनाव में खड़ा होते देख ईश्वर इतने परेशान हो गए कि एक पूरी रात तो उन्हें नींद ही नहीं आई। उनका ब्लड प्रेशर इतना बढ़ गया कि वे खुद घबराहट में 'हे ईश्वर, हे ईश्वर' पुकारने लगे।

लेकिन अगले दिन उनकी हालत सुधरी और उन्होंने निश्चय किया कि वे स्थिति का मुकाबला करके रहेंगे। बहुत ठंडे दिमाग से सोचने पर उन्होंने पाया कि इसका सर्वोत्तम उपाय यही है कि वे स्वयं चुनाव में खड़े हो जाएँ तो शरम तथा डर के मारे ये लोग खुद ही बैठ जाएँगे और 'स्वर्गादपि गरीयसी' भारत में लोकतन्त्र की रक्षा हो जाएगी।

तो ईश्वर चुनाव में खड़े हो गए मगर कोई लफंगा नहीं बैठा। वे पूरे एक दिन तक खड़े रहे मगर कोई घोटालेबाज नहीं बैठा। वे दो दिन तक खड़े रहे मगर कोई दलाल नहीं बैठा। वे चार दिन और चार रात खड़े रहे मगर बैठना तो दूर किसी चोर ने उनकी तरफ़ झाँककर भी नहीं देखा। किसी बेईमान ने नहीं कहा, प्रभो, अब आप बैठ जाइए।

खड़े-खड़े ईश्वर के पैर जवाब दे गए। उन्हें ईश्वर होकर भी चक्कर आने लगे थे मगर वे जिनको बैठाने के लिए खड़े हुए थे, वे आराम से और मज़े से खड़े हुए थे। अन्त में ईश्वर धड़ाम से ज़मीन पर गिर गए और होश आया तो अस्पताल में थे।

वे सब चुनाव जीत गए, जिनसे भारतीय लोकतन्त्र की रक्षा के लिए ईश्वर स्वयं चुनाव में खड़े हुए थे। यहाँ तक कि उनकी जीत की खुशी में इनका एक समर्थक अस्पताल के पलंग पर लेटे ईश्वर के मुँह में लड्डू ठूँस गया था।

13

आदिकाल में ईश्वर ने राजा और प्रजा की सृष्टि की। प्रजा अधिकारविहीन और गरीब थी, राजा निरंकुश तथा प्रमादी थे। तब ईश्वर ने कहा कि जनतन्त्र हो और जनतन्त्र हो गया। नेता हों, और नेता हो गए। वे भाषण दें, और वे भाषण देने लगे। जनता वोट दे, और जनता उन्हें वोट देने लगी। उम्मीदवार खड़े होने लगे, अपराधी चुनाव लड़ने लगे, भ्रष्ट जीतने लगे, देश का दिवाला पिटने लगा, नेता अमीर होने लगे।

तब ईश्वर ने कहा कि सच्चा लोकतन्त्र हो और सच्चा लोकतन्त्र नहीं होने लगा। तब ईश्वर ने कहा कि लाठी और पैसे का ज़ोर न हो और लाठी और पैसे का ज़ोर बढ़ने लगा। तब ईश्वर ने कहा कि मेरा नाम चुनाव में इस्तेमाल न किया जाए और उनका नाम ज़्यादा-से-ज़्यादा इस्तेमाल किया जाने लगा। तब उन्होंने कहा कि अपराधियों को सरकार में न लिया जाए मगर वे मन्त्री-मुख्यमन्त्री तक बनने लगे और प्रधानमन्त्री बनने की धमकी देने लगे।

तब ईश्वर ने कहा कि ऐसा होता रहा तो मैं वापस देवलोक चला जाऊँगा तो गुंडों, बदमाशों तथा भ्रष्ट लोगों ने उनसे कहा कि अवश्य चले जाइए। इस खुशी में हम पाँचसितारा होटल में शानदार दावत देंगे। बताइए, कब जाएँगे, ताकि पार्टी की तारीख हम तय कर सकें।

और ईश्वर हैं कि अभी तक अनिश्चय में हैं। वे अपने जाने की तारीख तक नहीं बता पा रहे हैं।

14

एक ईमानदार था। ईमानदार होने के साथ ही वह भोला तथा उत्साही भी था। यानी करेला था और नीम चढ़ा भी था।

इस पर भी गज़ब यह कि वह चुनाव लड़ना चाहता था। उसने पत्नी के जेवर, रद्दी, लोहा-लंगड़ बेचकर तथा रुपए उधार लेकर चुनाव का पर्चा दाखिल कर दिया। वह इतना हतभाग्य था कि उसका पर्चा सही पाया गया। अब उसके पास चुनाव लड़ने के अलावा कोई विकल्प नहीं था।

मगर चुनाव लड़ने के लिए उसे पैसों की ज़रूरत थी। हालत यह थी कि वह अपनी पैंट, शर्ट और पत्नी की साड़ी-पेटीकोट-ब्लाउज़ बेचकर ही पैसों का

जुगाड़ कर सकता था लेकिन इससे भी अधिक विकट समस्या यह थी कि ये कपड़े इतनी बुरी हालत में थे कि इन्हें पुराने कपड़े लेकर बरतन देनेवालियाँ भी ख़रीदने से इनकार कर देतीं।

अपनी इस अवस्था को पहचानकर वह ईमानदार ईश्वर की शरण में गया और लगा गिड़गिड़ाने तथा आँसू बहाने कि प्रभु मेरी मदद करो।

ईश्वर जानते थे कि वे उसकी कोई मदद नहीं कर सकते। इसलिए वह जितना ही गिड़गिड़ाता तथा रोता गया, ईश्वर उतने ही ज़्यादा कठोर होते चले गए।

हार-थककर ईमानदार ने अपनी खटखटिया साइकिल उठाई और ईश्वर का आशीर्वाद लिए बगैर ही वह चुनाव-प्रचार के लिए रवाना हो गया।

15

'भाइयो और बहनो, मुझे ज़्यादा कुछ नहीं कहना। मेरा पिछला रेकार्ड आपके सामने है। मैंने हमेशा अपने को अपने देश से ऊपर माना है। मैंने अपने परिवार के लिए जितना किया, उतना कोई देश के लिए भी क्या करेगा! पत्नी ने कहा, 'ऐ, मुझे केन्द्र में मन्त्री बनवा दो न', तो मैंने बनवा दिया। साले ने कहा, 'जीजाजी मेरा कैरियर भी बनवा दो न', मैंने उसे विधान परिषद का सदस्य बनवा दिया। भाई ने कहा, 'साले का तो कल्याण करवा दिया, अपने भाई का ख्याल नहीं आया आपको', तो उसे जल-मल निगम का अध्यक्ष बनवा दिया। भतीजा रोता आया, देशी दारू का ठेका उसे दिलवा दिया। बहन को राखी बँधाई में गैस की एजेन्सी दिलवा दी और साली तो आधी घरवाली होती ही है, उसकी फैक्ट्री खुलवा दी। इतने कम समय में इतना काम, बाप रे बाप! इतना तो सिर्फ मैं ही कर सकता था। अभी तो बहुत से रिश्तेदार मुझसे नाराज़ हैं। मैं जनता से वादा करता हूँ कि आपने मुझे फिर से जिता दिया तो उन सबकी नाराज़गी भी दूर कर दूँगा। आप लोग ताली बजाने में बड़े कंजूस हो जी, ताली बजाओ न।'

मगर इतने जोशीले भाषण के बावजूद जब किसी ने ताली नहीं बजाई तो नेता को होश आया कि वह क्या कुछ बक गया है। उसने अपनी गलती सुधारने की कोशिश की, 'तो भाइयो-बहनो, मैंने परिवार को हमेशा देश के ऊपर क्यों माना है? इसलिए माना है कि जो अपने परिवार का नहीं हो सकता, वह देश का

क्या होगा? आज मेरे परिवार में ऐसा कौन है जिसका स्विस बैंक में खाता नहीं है, कौन है जिसे...'

नेता ने अचानक आँखें खोलीं और देखा तो मंच के नीचे कोई न था और न मंच के ऊपर कोई था, सिवाय ईश्वर के जो दूर खड़े मुस्कुरा रहे थे।

नेता को समझ में आ गया कि हो न हो, यह ईश्वर की कारस्तानी है जिसने उसके मुँह से सब सच-सच उगलवा दिया है और इस कारण मतदाता उससे नाराज़ हो गए हैं। अब उसका हारना निश्चित है।

नेता ने आव देखा न ताव, वह मंच से कूदा और ईश्वर की तरफ़ लपका... 'तू ज़रा ठहर...'

लेकिन ईश्वर नहीं चाहते थे कि यह बात घर-घर पहुँचे कि किसी नेता ने ईश्वर के साथ बदतमीजी करने की कोशिश की है। वे नेता को दिखते तो रहे मगर उसकी पकड़ में नहीं आए। नेता बाईं ओर उन्हें पकड़ने जाता तो वे लपककर दाईं ओर आ जाते। वह दाईं ओर भागता तो वे बाईं ओर आ जाते। कभी अदृश्य हो जाते तो कभी प्रकट हो जाते।

नेता को समझ में आ गया कि वह ईश्वर का कुछ नहीं बिगाड़ सकता।

इतना समझ में आने पर वह ईश्वर के चरणों में लेट गया और रोने लगा तथा माफ़ी माँगने लगा। कई दिन, कई रात ऐसे ही गुज़र जाने के बाद ईश्वर उस पर प्रसन्न हुए और उसे उठाकर उन्होंने अपने गले से लगा लिया।

नेता ने बाकायदा उसके बाद चुनाव जीता और चुनाव जीतकर फिर से परिवार को देश से बड़ा मानने लगा। अब उसका ईश्वर के साथ ही, लोकतन्त्र में भी विश्वास ज़्यादा दृढ़ हो गया था।

16

ईश्वर को एक मगरमच्छ नज़र आया। उन्होंने देखा कि उसकी आँखों से लगातार आँसू बह रहे हैं, रुक ही नहीं रहे हैं।

ईश्वर करुणार्द्र हो गए। उन्हें इस बात का ख्याल नहीं रहा कि आजकल चुनाव चल रहे हैं और यह जो प्राणी लगातार आँसू बहा रहा है, वह और कोई नहीं बल्कि मगरमच्छ है।

उन्होंने मगरमच्छ को आँसू पोंछने की गरज़ से कहा, 'ऐ भाई, तू रोता क्यों है? क्यों तेरी आँखों से निरन्तर आँसू बह रहे हैं? तेरी यह दशा देखकर मेरी

आँखों में भी आँसू आ गए हैं। जा तुझे जो माँगना है, माँग ले। तेरे सामने ईश्वर खड़ा है।'

मगरमच्छ भला क्यों देरी करता! उसने कहा, 'हे ईश्वर! वैसे तो मेरे आँसू कोई पोंछ नहीं सकता मगर फिर भी आपके दिल में ऐसा नेक ख्याल आया है तो मुझे आप दो वरदान दीजिए। पहला यह कि मैं चुनाव जीत जाऊँ, दूसरा यह कि मरने पर मैं स्वर्ग पाऊँ।'

ईश्वर यह सुनकर थोड़े से सावधान हो गए। उन्होंने कहा, 'वत्स, तू लालच मत कर। मैं तुझे दो में से एक ही वरदान दे सकता हूँ।'

और इस तरह मगरमच्छ ने ईश्वर से चुनाव जीतने का वरदान प्राप्त कर लिया।

17

एक दिन अचानक ईश्वर ने महसूस किया कि दलाल, धन्धेबाज, धूर्त, सट्टेबाज, चोर, गिरहकट, धोखेबाज और माफिया किंग आदि ने मन्दिर आना बन्द कर दिया है। ईश्वर के लिए यह आश्चर्य और चिन्ता की बात थी।

ईश्वर ने मन्दिर के पंडित से कहा कि वह वस्तुस्थिति का पता लगाए। पंडित ने रिपोर्ट दी कि प्रभो, पहले माफिया किंगों को रोज़ सुबह मन्त्रियों, सांसदों, विधायकों के यहाँ ड्यूटी बजानी पड़ती थी और उनका आशीर्वाद प्राप्त करना पड़ता था तो वे साथ-साथ मन्दिर में भी आपका आशीर्वाद लेने चले आते थे मगर अब वे खुद ही मन्त्री, सांसद, विधायक बन गए हैं। दोहरी ज़िम्मेदारियों के बोझ तले उन्हें न मन्दिर आने का समय मिल पाता है और न ही उन्हें आपकी याद आती है।

ईश्वर ने ठंडी साँस भरी और कहा, 'खैर, हम भी इनका क्या कर सकते हैं मगर तुम इससे सबक लो और जो मन्दिर आ रहे हैं, उनका अच्छी तरह से ख़याल रखो। लिबरलाइजेशन के इस ज़माने में पता नहीं कब, कौन हमारे हाथों से निकल जाए।'

18

जब सुबह से शाम तक मन्दिर में एक भक्त ने भी फूलमाला नहीं चढ़ाई तो ईश्वर परेशान हो गए।

रात को मन्दिर बन्द हो गया तो यह जानने निकले कि आख़िर फूलमालाएँ गईं कहाँ?'

'ईश्वर हमें क्षमा करना, हम यहाँ हैं।' नेता के गले से एकसाथ कई फूलमालाएँ बोलीं, 'और हम चुनावों तक यहीं रहेंगी। हम जानती हैं कि इस तरह हमने आपका अपमान किया है मगर नेता का अपमान करने की हिम्मत हम बिलकुल भी नहीं कर सकतीं।'

एक नेता ने जैसे ही फूलमालाएँ गले से निकालीं, ईश्वर ने उनमें से एक झटपट अपने गले में पहनी और वे भागकर वापिस मन्दिर आ गए।

19

उम्मीदवार अपने चुनाव-प्रचार के लिए अपने चमचों समेत जिधर भी जाते, उधर से पंछी उड़-उड़कर दूसरे इलाकों में चले जाते और पशु जान छुड़ाकर भाग जाते।

ईश्वर ने जब यह दृश्य देखा तो उन्होंने सच्चाई का पता लगाने की कोशिश की। उन्होंने एक चिड़िया को अपने पास बुलाया। उसे अपनी हथेली पर बिठाया और उससे पूछा, 'चिड़िया तू ठहरी बित्ते-भर की जीव, तुझे नेताओं और उनके चमचों से क्या डर? तू क्यों इन्हें देखते ही उड़कर बहुत दूर चली जाती है?'

चिड़िया ने बड़ी दयनीय मुद्रा बनाते हुए कहा, 'प्रभो! बात यह है कि आजकल चल रहे हैं चुनाव के दिन और हर नेता हर किसी के पैर पकड़ रहा है। यहाँ तक कि ये नेता हम चिड़ियों को भी किसी पेड़ की मुँडेर पर बैठा देखते हैं तो हमारी भी चरणवन्दना करना शुरू कर देते हैं। जब छह फुटा आदमी तीन इंच की चिड़िया की चरणवन्दना करे तो कम-से-कम हमें तो अच्छा नहीं लगता। इसलिए इन्हें शर्मिन्दगी से बचाने के लिए हम खुद उड़ जाती हैं। आजकल इन बेचारे नेताओं को इतना भी ख्याल नहीं रहता कि हम चिड़ियाँ हैं और हम इनकी वोटर नहीं हो सकतीं। बेचारे!'

यही सवाल जब ईश्वर ने भैंस से किया तो उसने कहा, 'ईश्वर आप तो अन्तर्यामी हैं। आपसे तो कुछ भी छिपा हुआ नहीं है। फिर भी आप पूछ रहे हैं तो मैं बता रही हूँ कि चुनाव के इन दिनों में नेताओं को भाड़े पर भी इनके जुलूस में शामिल होने के लिए गरीब-गुरबे नहीं मिल रहे हैं, भीड़ बढ़ाने के लिए ये हमें

हाँक ले जाते हैं और रात को दो-दो बजे छोड़ते हैं। घास का एक तिनका तक खाने की फुरसत हमें नहीं देते। पिछले सात दिनों में मेरा वज़न बीस किलो कम हो गया है, इसलिए मैं इन्हें देखते ही भाग जाती हूँ।'

इतना कहकर भैंस ने जब रोने की कोशिश की तो इस स्थिति को असहनीय पाकर ईश्वर वहाँ से बढ़ लिए। अलबत्ता उनकी आँखें आँसुओं से तर थीं।

20

ईश्वर ने देखा कि शहर में आवारा कुत्ते ज़रूरत से ज़्यादा घूम रहे हैं। कोई उनके पीछे-पीछे चलने लगता है, कोई उन्हें सूँघने लगता है, कोई उन्हें देखकर भौंकने लगता है, कोई धूप में ऊँघ रहा है तो कोई सड़क पार कर रहा है। कोई कूड़ेदान पर गरीब बच्चों के साथ सहयोग करके पत्ते चाट रहा है। कुछ कुत्तों ने तो उन्हें काटने की कोशिश भी की मगर अदृश्य हो जाने की कला ईश्वर के काम आई और वह बच गए।

एक शहरवासी से ईश्वर ने पूछा, 'भैया, इस शहर में हमेशा ही क्या इतने आवारा कुत्ते घूमते हैं?'

उस शहरवासी ने बिना एक क्षण सोचे जवाब दिया, 'नहीं भाई साहब! बात यह है कि आजकल चुनाव के दिन हैं न, उम्मीदवार कुत्तों को पकड़वाकर उन्हें नाराज़ नहीं करना चाहते।'

21

एक नेता चुनाव सभा में भाषण दे रहा था कि अगर मतदाताओं ने उसकी पार्टी को जितवा दिया तो अगले पाँच सालों में वह भारत को स्वर्ग बना देगा।

श्रोताओं में ईश्वर भी थे। उनसे रहा नहीं गया। उन्होंने ज़ोर से चिल्लाकर कहा, 'अरे नेताजी, आप सब कुछ करना मगर प्लीज़, भारत भूमि को स्वर्ग मत बनाना। अगर आपने इसे स्वर्ग बना दिया तो स्वर्गवालों को भी स्वर्ग की उन्नति करके उसे कुछ और बेहतर बनाना पड़ेगा। इससे ईश्वर और आदमी में अनावश्यक प्रतियोगिता छिड़ जाएगी और आदमी के साथ ईश्वर का भी दिन-रात का चैन छिन जाएगा। मैं आपसे करबद्ध प्रार्थना करता हूँ कि आप भारत भूमि को स्वर्ग कभी मत बनाना। इसे धरती ही रहने देना, प्लीज़!'

नेता ने मंच से इतना ही कहा, 'लगता है हमारे विरोधी हमारी सभा में हुड़दंग मचाने आए हैं।'

नेता का इशारा चमचे समझ गए और चमचों के तुरन्त बाद ही ईश्वर भी इसे समझ गए तथा फ़ौरन से पेश्तर अन्तर्ध्यान हो गए।

22

एक नेता अपने मतदाताओं को भविष्य के हसीन सपने दिखा रहा था।

ईश्वर सुन रहे थे और व्यंग्य से मुस्कुरा रहे थे, लेकिन उसके सपने इतने ज़्यादा हसीन थे कि ईश्वर भी व्यंग्य से मुस्कुराना भूलकर उन सपनों में खो गए। अचानक उन्हें ख्याल आया कि जब इस चुनाव क्षेत्र में इतना सब कुछ जल्दी ही हो जानेवाला है तो ये जगह तो स्वर्ग का भी बाप बन जाएगी!

उन्होंने पत्नी को पत्र लिखा—'प्राण प्यारी, मुझे तुम्हारी याद आती है और मैं अब तुम्हारे बिना नहीं रह सकता। तुम यहाँ आ जाओ। अगले पाँच सालों में सौ स्वर्ग भी इस जगह का मुकाबला नहीं कर पाएँगे। मैं ज़मीन की रजिस्ट्री कराने जा रहा हूँ। हम यहीं इक बँगला बनाएँगे न्यारा।'

23

जब ईश्वर ने देखा कि चुनाव में कोई भी पार्टी, कोई भी आश्वासन देकर जीत जाती है और चुनावों के बाद अपने आश्वासनों की कोई परवाह नहीं करती तो ईश्वर को ऐसा लोकतन्त्र बेहद पसन्द आया। उन्होंने भी सोचा कि क्यों न वे भी लोकतन्त्र के आदर्शों का अक्षरशः पालन करते हुए अपने भक्तों को आश्वासन दें और फिर उनकी परवाह न करें। इससे लोकतन्त्र के साथ ही ईश्वरतन्त्र भी मज़बूत होता जाएगा।

लेकिन समस्या यह थी कि ईश्वर की अपनी कोई पार्टी नहीं थी, कोई झंडा नहीं था, कोई चुनाव चिह्न नहीं था, ऐसी स्थिति में यह सोचकर कि उनके आश्वासनों को कौन गम्भीरता से लेगा, उन्होंने अपना इरादा बदल दिया।

इस तरह ईश्वर ने अपने भक्तों को कोई आश्वासन नहीं दिया और उनके आश्वासनों के अभाव में चुनाव होते रहे। भूख बढ़ती रही और अनाज निर्यात होता रहा। ज़्यादातर लोग नंगे होते रहे और बढ़िया कपड़े मिलों में बनते रहे।

अधिकतर लोग फुटपाथों पर सोते रहे और शानदार से शानदार महल खड़े होते रहे। ईश्वर लोगों से दूर होते गए और हर मन्दिर, हर साल विशाल से विशालतर होता चला गया।

24

ईश्वर दो नेताओं में तकरार होते देख ठिठक गए और कान लगाकर सुनने लगे।

'तू बेईमान, क्या मैं तुझे जानता नहीं?'

'तू चोर, क्या तेरी नस-नस मैं पहचानता नहीं?'

'अरे तू मुझे क्या चोर कहता है। तूने जब मन्त्रीवाला अपना बँगला छोड़ा था तो तू बँगले से बल्ब तक चुराकर ले गया था।'

'और तू अपनी नहीं बताता? तू तो बिजली के तार तक उखाड़कर ले गया था। तेरा बस चलता तो तू लॉन की घास तक उखाड़कर साथ ले जाता।'

'तू किसी से कम है भला! बँगले के सारे वाशबेशिन, कमोड, नल तक तू उखाड़कर ले गया था। क्यारी बनाने के लिए जो ईंटें वहाँ पड़ी थीं, तू उन्हें भी उखाड़कर ले गया था। तूने छोड़ा क्या था बँगले में, अपनी तो तू बता!'

'तेरे शरीर में लगे इत्र के बावजूद तुझसे रिश्वत की बू आती है।'

'अरे तू तो मुर्दों के कफ़न तक उतरवा लेता था। मेरी जुबान ज़्यादा मत खुलवा।'

'और मेरी जुबान खुल गई न, तो तू कहीं का नहीं रहेगा!'

ईश्वर ने और भी बहुत कुछ सुना। उन्हें पता चला कि ये एक ही मोर्चे में शामिल दो अलग-अलग पार्टियों के उम्मीदवार हैं और इस चुनाव क्षेत्र में 'दोस्ताना संघर्ष' कर रहे हैं। ये दरअसल झगड़ नहीं रहे हैं वरन् अपना-अपना चुनाव-प्रचार कर रहे हैं।

25

ईश्वर ने एक दिन देखा कि अचानक दोपहर के समय धरती पर अँधेरा छा गया है।

उन्होंने आकाश की तरफ़ देखा तो उसमें घने काले बादलों की तरह विमान और हेलीकॉप्टर छाए हुए थे। आसमान का एक कतरा भी इनसे ख़ाली नहीं था।

यह दृश्य देखकर ईश्वर की नाड़ी सरक गई। हो-न-हो, मनुष्य स्वर्ग पर हमला करने जा रहे हैं और उस पर अवश्य कब्ज़ा कर लेंगे, ऐसी आशंका ईश्वर को हुई। अगर ऐसा हो गया तो ईश्वर के साथ ही स्वर्ग पर भी मनुष्य नामक प्राणी का कब्ज़ा हो जाएगा। देवी-देवता बेघर हो जाएँगे। फिर वे शरणार्थी बनकर भी कहाँ जा सकते हैं? इसके अलावा मनुष्य तब ईश्वर की आराधना क्यों करेगा? वह विमान का टिकट खरीदेगा और सीधे स्वर्ग पहुँच जाएगा। हवा-पानी बदलकर फिर पृथ्वी पर आ जाएगा।

मन में ये सब बातें आते ही ईश्वर का 'ब्लडप्रेशर' बढ़ गया। कहीं हृदय पर इसका बुरा असर न पड़ा हो, इस आशंका के मन में आते ही ईश्वर ने अपना तीसरा नेत्र खोला तो सच्चाई सामने आ गई और ब्लडप्रेशर नार्मल हो गया।

दरअसल इन विमानों में नेता सवार थे और उनका दूर-दूर तक भी कोई इरादा स्वर्ग पर कब्ज़ा करने का नहीं था। वे चुनाव के कारण मतदाताओं के पास जल्दी-से-जल्दी पहुँचने की होड़ में हेलीकॉप्टरों और विमानों में उड़ रहे थे। हालाँकि इनमें से हरेक डरा हुआ था कि मतदाताओं के पास जल्दी पहुँचने की बजाय वह कहीं ईश्वर के पास स्वर्ग में शीघ्र न पहुँच जाए, इसलिए वह विमान में सवार होने से पहले ईश्वर का स्मरण करता था और यात्रा के दौरान भी ईश्वर से अपनी लौ लगातार लगाए रहता था।

26

ईश्वर को सड़क पर देखकर लोगों को पता नहीं क्या हो जाता कि वे अपने आप ईश्वर को नमस्कार, गुडमार्निंग, वालेकम सलाम, राम-राम, सत्श्रीअकाल आदि कहते। ईश्वर 'गुडमार्निंग'वाले से 'गुडमार्निंग' कहते, वालेकुम सलामवाले से 'सलाम वालेकुम' कहते, राम-रामवाले से 'राम-राम' कहते, सत्श्रीअकालवाले से 'सत्श्रीअकाल' कहते।

एकदम मनुष्य जैसा व्यवहार था उनका। एक दिन एक सज्जन ने उनसे कहा, 'जय श्री राम', तो ईश्वर अचकचा गए। उन्होंने जवाब दिया, 'राम-राम'। इससे जय श्री राम वाला नाराज़ हो गया। उसे क्या पता था कि ये ईश्वर हैं। उसने कहा, 'भाई साहब, लगता है कि आप हिन्दू नहीं हो?'

ईश्वर ने मुस्कुराकर कहा, 'आपने सही पहचाना। ईश्वर हिन्दू या मुसलमान कैसे हो सकता है? राम-राम', इतना कहकर ईश्वर अदृश्य हो गए। जय श्री राम वाला देखता ही रह गया। कुछ देर तो वह भौंचक खड़ा रहा। फिर भाषण देने चल दिया।

27

चिड़िया उड़ी। नेता उड़ा।
चिड़िया क्यों उड़ी?
क्योंकि शाम हो गई थी।
नेता क्यों उड़ा?
क्योंकि चुनाव हो चुके थे।
चिड़ियाँ कहाँ गईं?
घोंसले में।
घोंसला कहाँ है?
पेड़ पर।
नेता कहाँ गया?
दिल्ली।
दिल्ली में कहाँ है?
मालूम नहीं।
चिड़ियाँ कब आएँगी?
भोर होने पर।
नेता कब आएगा?
मालूम नहीं।
अगले चुनाव होंगे, क्या तब आएगा?
हाँ, तब आएगा।
चुनाव कब होंगे?
मालूम नहीं।
क्या ईश्वर को मालूम होगा?
उन्हें भी मालूम नहीं।
ईश्वर को नेता का पता तो ज़रूर मालूम होगा?

ईश्वर स्वयं कह गए हैं कि नेता इधर आए तो बताना। ईश्वर भी वन-वन, जंगल-जंगल उसे ढूँढ रहे हैं। पेड़ों और चिड़ियों से पूछ रहे हैं कि क्या सफेद बगुले के सदृश्य मेरे नेता को तुमने देखा है? ईश्वर की आँखें सजल हैं। ईश्वर का हृदय विकल है। उधर नेता दिल्ली में सकुशल है।

28

जिस तरह ईश्वर एक है, उसके पास पहुँचनेवाले के रास्ते अनेक हैं; उसी तरह नेता एक है, उस तक पहुँचने के लिए राजनीतिक पार्टियाँ अनेक हैं।

नेता एक है। उसके मुखौटे अनेक हैं।

इसलिए हे वोटर, तू जिस पार्टी को, जिस उम्मीदवार को वोट देना चाहता है, दे। जिस नारे पर, जिस आश्वासन पर रीझना चाहता है, रीझ। अन्ततः तू उसी नेता को वोट देता पाया जाएगा, जो भ्रष्ट है, सत्तापिपासु है, सिद्धान्तविहीन है, दलालों का दलाल है और कमालों का कमाल है। इसलिए हे वोटर, तू वोट दे और भूल जा। तेरे करने योग्य यही है। कर्म कर, फल की चिन्ता मत कर। कर्म करना तेरा धर्म है, फल खाना नहीं। फल वही खाएगा जिसके आँगन में पेड़ हैं। तू तो पेड़ पर चढ़, फल तोड़, धो, तश्तरी में रख और सजाकर नेता को दे। यह फल उसका है। उस फल को मत देख। जो फल तूने उसे दिया है, वह तेरे लिए वर्जित फल है। इसलिए हे वोटर, मैं तुझसे बारम्बार कहता हूँ, हर युग में, हर परिस्थिति में, हर चुनाव में कहता हूँ, कर्म कर फल की चिन्ता मत कर। फल की चिन्ता करेगा तो निराश होगा। निराशा होगा तो मेरे पास मन्दिर में आएगा। अपना पेट काटकर फल और मिठाई मुझे चढ़ाएगा। फालतू में अपना खर्च बढ़ाएगा। ऐसा मत कर। इसलिए कहता हूँ तू कर्म कर। दाल-रोटी खा सकता है तो दाल-रोटी खा। भूखा रहना पड़े तो भी कर्म कर, मगर कर।

29

वोटर बूथ पर चल। वोट दे। तेरे दुआरे उम्मीदवार का वाहन आया है। देर मत कर। बूथ पर चल। भूल मत उसने तुझे देसी पिलाई है। अगली बार तेरा स्तर उठाने के लिए विदेशी पिलाने का उसने वायदा किया है। इस बार कम्बल दिया है। भाषण दिया है। ख्वाब दिखाए हैं। लोकतन्त्र के प्रति तेरे कर्त्तव्य का

स्मरण कराया है। वोटर चल, उम्मीदवार का चमचा कमर में पिस्तौल लटकाकर आया है।

वोटर बूथ पर चल। उम्मीदवार का वाहन पों-पों कर रहा है। उम्मीदवार का चमचा भौं-भौं कर रहा है। चमचे का चमचा तेरे पैर पकड़ रहा है। उसकी अनदेखी मत कर। पिस्तौल देख, पिस्तौल की गोली देख। अपना भविष्य देख। चल लोकतन्त्र की सेवा कर। वोट देने जा। अवसर मत चूक।

वोटर, चल, घर से निकल। भूल मत, आज छुट्टी का दिन है। भूल मत, तुझे आज वोट देने की छुट्टी मिली है। चल ठप्पा मार। जो तेरे दुआरे आया है, उसकी अनदेखी मत कर। बच्चा मत बन। मौत से डर। ईश्वर के सामने सिर झुका। उनसे आशीर्वाद माँग। जान को साबुत जान, मतदान केन्द्र पर चल। चल-चल, जनतन्त्र को मज़बूत कर। रो मत। धीरज रख। चल वह हवा में गोलियाँ चला रहा है। तेरी छाती को गोली चीर दे, इसका इन्तज़ार मत कर। चल, समझदार बन।

30

एक दिन ईश्वर ने देखा कि जो आदमी सुबह काली टोपी पहने था, उसने शाम को सफेद पहन ली और जिसने सफेद पहनी थी, शाम को उसने काली पहन ली। दूसरे दिन फिर उन्होंने टोपी की अदला-बदली की। तीसरे दिन फिर वह सिलसिला चला। चौथे दिन फिर वही क्रम।

ईश्वर ने गौर किया कि उस आदमी की सिर्फ टोपियाँ बदल रही हैं, बाकी कपड़े जस के तस हैं।

ऐसी बातें ईश्वर को कहाँ समझ में आनेवाली थीं। उन्होंने एक मनुष्य को पकड़ा और कहा, 'यार, हमें ये माजरा कुछ तो समझाओ।'

'आप ईश्वर हो क्या?' उस आदमी ने तुरन्त सवाल किया। ईश्वर ने जब हामी भर दी तो आदमी ने कहा, 'ऐसा है, आप यह सब समझकर भी क्या करोगे? ये दोनों मन्दिर तो आते हैं न, आपकी पूजा-अर्चना तो करते हैं न! फिर आप क्यों फालतू की चिन्ता पालते हो? ऐसा है, यह चुनाव का मौसम है। इन दिनों नेता सिद्धान्तों के साथ समझौता नहीं कर पाते हैं। बस, इतनी-सी बात है। मगर यह बात आपकी समझ में नहीं आएगी।'

31

ईश्वर ने देखा कि एक आदमी ज़िन्दा मेंढकों को तौलने में लगा है मगर तौल नहीं पा रहा है क्योंकि मेंढक बार-बार तराजू से कूदकर भाग जाते हैं। एक को वह वापस तराजू में रखता है तो दो और भाग जाते हैं। दो मेंढकों को वापस लाता है तो तीन और भाग जाते हैं।

आदमी पसीना-पसीना हो रहा था मगर वह मेंढक तौलने की कोशिश छोड़ नहीं रहा था।

ईश्वर बहुत देर तक इस दिलचस्प नज़ारे को देखते रहे बल्कि कई बार तो मेंढक पकड़कर वापस तराजू में रखने में भी उन्होंने आदमी की मदद की।

जब बहुत देर हो गई और ईश्वर ने प्रत्यक्ष अपनी आँखों से देख लिया कि वास्तव में मेंढकों को तौलना एक असम्भव काम है, तब ईश्वर ने उस आदमी के काम में हस्तक्षेप करते हुए कहा, 'हे मनुष्य, विद्वान पहले ही कह गए हैं कि मेंढकों को तौला नहीं जा सकता। तुम स्वयं भी पसीना-पसीना होने के बाद इसी निष्कर्ष पर पहुँच गए लगते हो। फिर भी तुम इस प्रयास को छोड़ क्यों नहीं रहे हो।'

इस पर उस आदमी ने कहा, 'भगवन्, ऐसा है कि इस बार मेरी पार्टी ने अटल निश्चल किया है कि वह सरकार बनाकर ही रहेगी। इसके लिए उसको निश्चय ही मेंढकों को तराजू में तौलना पड़ेगा। मेरी पार्टी के नेताओं की मान्यता यह है कि मेंढकों को तराजू में तौलना वास्तव में एक कला है जिसे प्रयत्नपूर्वक सीखा जा सकता है। उन्होंने कहा कि चुनाव नतीजे आने तक तुम इस कला में महारत हासिल कर लो और मैं वही कर रहा हूँ।'

ईश्वर ने उसे आशीर्वाद दिया, 'ईश्वर तुम्हें सफलता दे।'

32

ईश्वर ने तीन बन्दर देखे। उन्होंने देखा कि एक बन्दर देखता और सुनता तो है मगर बोलता बिलकुल नहीं है।

दूसरा बन्दर देखता और बोलता है मगर सुनता बिलकुल नहीं है।

तीसरा बन्दर बोलता और सुनता है मगर देखता बिलकुल नहीं है।

ऐसे बन्दरों को देखकर आश्चर्यों के भी आश्चर्य ईश्वर को आश्चर्य हुआ और उन्होंने इन बन्दरों के बारे में जिज्ञासा प्रकट की।

उन्हें मालूम हुआ कि ये गाँधीजी के बन्दर हैं। दुनिया से कूच करने से पहले गाँधीजी इनसे कह गए थे कि तुम्हें भविष्य में सुखी रहना है तो ऐसे ही रहना। इस बात का महत्त्व तुम आज नहीं समझोगे मगर जैसे-जैसे इस देश में चुनाव होते जाएँगे और लोकतन्त्र 'मज़बूत' होता जाएगा, वैसे-वैसे तुम्हारे सामने मेरे कथनों की सच्चाई भी प्रकट होती जाएगी।

और एक दिन ऐसा आएगा कि तुम्हीं भारत के मनुष्य के आदर्श माने जाओगे। फिर एक दिन ऐसा भी आएगा कि मनुष्य फिर से बन्दर बनना चाहेगा।

33

इधर चुहिया भूखी थी, उधर बिल्ली।

इधर भूख से परेशान चुहिया बिल से निकलकर दाने-पानी की तलाश में जाना चाहती थी, उधर भूख से कुलबुला रही बिल्ली बिल के बाहर चुहिया का इन्तज़ार कर रही थी।

और ईश्वर वहाँ इस इन्तज़ार में खड़े थे कि देखते हैं, आगे-आगे होता है क्या, हालाँकि वही होता है जो मंज़ूरे-ईश्वर होता है। चुहिया के इन्तज़ार में खड़ी बिल्ली को अचानक याद आया कि आजकल चुनाव के दिन चल रहे हैं और नेता बड़े-बड़े आश्वासन दे रहे हैं। क्यों न मैं भी इस विधि चुहिया को बिल से बाहर निकालकर उसका भोग लगाऊँ!

तो बिल्ली ने चुहिया से कहा, 'चुहिया न मैं तेरा पीछा छोड़ूँगी, न बाहर निकले बिना तेरी भूख का इलाज़ हो सकता है। उधर तू बोर हो रही है, इधर मैं। तो क्यों न हम चुनाव-चुनाव खेलें। दोनों का दिल बहल जाएगा।'

बोरियत मिटाने के लिए चुहिया ने बिल के भीतर से कहा, 'आइडिया तो बुरा नहीं है मगर खेल तुम शुरू करो।'

बिल्ली ने खेल की शुरुआत करते हुए भाषण देना शुरू किया, 'भाइयो और बहनो, चुनाव के इस पावन अवसर पर मैं आपसे वायदा करती हूँ कि मैं जीत गई तो चूहे खाना बन्द कर दूँगी। मैं लम्बे-चौड़े वायदे करने में विश्वास नहीं करती। मैं सिर्फ एक वायदा करती हूँ और उस पर अमल करके दिखा दूँगी।'

इस बीच चुहिया भूल चुकी थी कि यह खेल है, इसलिए वह बिल्ली का भाषण सुनकर भावविभोर हो गई और बिल से बाहर निकलने के लिए उसने गरदन बाहर निकाल ली। लेकिन ऐसा करते ही उसे एकदम ख्याल आया कि यह

तो खेल था। उसने तुरन्त अपनी गरदन वापस ले जानी चाही, लेकिन तब तक चुहिया की गरदन बिल्ली के मुँह में आ चुकी थी।

खैर, ईश्वर तो जानते थे कि यह होगा मगर बिल्ली की भूख का समाधान होते देखकर उन्होंने चैन की साँस ली और आगे बढ़ गए।

34

ईश्वर ने गधे और घोड़े से संवाद होते देखा तो वे सुनने के लिए रुक गए।

गधा बोला, 'अगर मैं भी चुनाव लड़ता तो पता नहीं मैं क्या से क्या हो जाता।'

घोड़े ने पूछा, 'तू क्या हो जाता?'

गधे को मुस्कुराना आता नहीं था, फिर भी उसने मुस्कुराने की कोशिश करते हुए जवाब दिया, 'कम-से-कम घोड़ा तो हो ही जाता।'

घोड़े को यह पसन्द नहीं आया कि गधा अब घोड़ा बनने का स्वप्न देखने लगा है। घोड़े ने गुस्से में कहा, 'अगर तू घोड़ा बन जाता तो मैं फिर से तुझे गधा बना देता।'

गधे को घोड़े का यह गुस्सा देख मज़ा आया। उसने वैसे ही फिर मुस्कुराते हुए पूछा, 'लेकिन कैसे?'

घोड़े का पारा अब तक बहुत चढ़ चुका था। उसने कहा, 'बताऊँ कैसे?' और यह कहते ही वह गधे के पीछे लपका। घोड़े ने गधे को इतना पदाया, इतना पदाया कि बेचारा बेहोश होकर गिर पड़ा।

घोड़े ने फिर कस-कसकर गधे को चार-छह लातें जमाईं और कहा, 'अब अपनी शक्ल मुझे मत दिखाना। घोड़ा बनना चाहता है साला...'

ईश्वर कहीं से पानी लाए। गधे को पिलाया। उसके घावों को अपने हाथों से सहलाया तो वह कुछ ठीक हो गया।

गधे ने ईश्वर को धन्यवाद दिया और खरामाँ-खरामाँ चला गया।

35

चुनाव के दौरान ईश्वर ने बिहार में एक विचित्र घटना देखी। देखा कि मधेपुरा में दिन में लालटेनें जल रही हैं और हाजीपुर में रात में लालटेनें बन्द हैं। ईश्वर

चूँकि ईश्वर थे, उन्हें मनुष्य की यह लीला समझ नहीं आई। उन्हें तीसरा नेत्र खोलने से भी कोई लाभ नहीं हुआ। हारकर उन्होंने एक आदमी से प्रश्न किया। आदमी ने पहले तो ईश्वर को सिर से पैर तक देखा और फिर पैर से सिर तक। उसे जब कुछ भी समझ नहीं आया तो उसने ईश्वर का नाम और पता पूछा। ईश्वर से झूठ नहीं बोला गया। उन्होंने सब सच-सच बता दिया।

यह सुनकर आदमी मुस्कुराया और बोला, 'तभी न हम सोच रहे थे कि यह आदमी होकर हमारे बिहार के बारे में कुछ भी क्यों नहीं जानता? अरे ईश्वरजी, मधेपुरा से लालूप्रसादजी चुनाव लड़ रहे हैं। वहाँ दिन में भी लालटेन जलाने का मतलब है कि भले ही दिन में लालटेन जला लो, अँधेरा तो फिर भी रहेगा। उधर हाजीपुर में रामविलास पासवान की कान्स्टीट्यूएंसी है। वहाँ रात में लालटेन बुझाकर रखने का सन्देश यह है कि लालटेन जलाकर भी क्या करेंगे, अँधेरा तो बिहार की हकीकत है। कुछ बूझे आप? नहीं न बूझे, हमारी बात समझने के लिए आदमी का स्पेशल खोपड़ी चाहिए। तभी सभी बात आपको 'अस्पष्ट' समझ में आएगा।'

इतना कहकर वह आदमी हँसा और हँसते-हँसते अँधेरे में गुम हो गया। आश्चर्य कि उसे कहीं ठोकर नहीं लगी।

36

ईश्वर को यह समझ नहीं आ रहा था कि चुनाव के दौरान और चुनाव के बाद भी ये नेता कुर्सी के इतने दीवाने क्यों होते हैं? लकड़ी, लोहे, प्लास्टिक या बाँस की इस कुर्सी में ऐसा क्या है कि इसे पलटने, झपटने, गिराने, फेंकने के काम में हरेक नेता एक-दूसरे के विरुद्ध लगा रहता है? क्यों नेता कुर्सी के इतने दीवाने हो जाते हैं कि कभी-कभी एक ही कुर्सी पर दो-दो मुख्यमन्त्री एक साथ, एक-दूसरे को गाली देते हुए, एक-दूसरे की गरदन पर वार करते हुए बैठे रहते हैं।

ईश्वर ने कुर्सी की हर पहलू की जाँच की। उसे उलटा-पलटा, उसे दाएँ से देखा, बाएँ से देखा, ऊपर से देखा, नीचे से देखा, दूर से देखा, पास से देखा मगर कुछ समझ में नहीं आया। वह कुर्सी में गद्दी फाड़कर, उसका अंग-प्रत्यंग भंग करके देखना चाहते थे कि कुर्सी में ऐसा क्या है?

लेकिन तभी एक समझदार आदमी से उनका पाला पड़ गया। उसने कहा कि कुर्सी के प्रति नेताओं की इस दीवानगी का रहस्य आपको जानना है तो इसका

सीधा-सा उपाय है। आप स्वयं इस पर एक बार बैठ जाइए। सबकुछ आपकी समझ में आ जाएगा। लेकिन एक शर्त है कि जब मैं आपसे कहूँ, तब आप कुर्सी पर बैठिए और जब मैं आपसे कहूँ 'उत्तिष्ठ, जागृत, प्राप्त वरान्निबोधयः' तो आप उठ जाइए। आप कुर्सी से नहीं उठे तो आप कुर्सी-रस में सिर से पैर तक डूब जाएँगे और आपको बचानेवाला कोई नहीं रहेगा। इसके विपरीत आप सही समय पर, सही मन्त्र का जाप करने पर कुर्सी से उठ गए तो आपको सम्पूर्ण कुर्सी-रहस्य का ज्ञान हो जाएगा।

ईश्वर ने वायदा किया कि उन्हें शर्त मंज़ूर है। इतना कहते ही उन्हें एक बड़ी कुर्सी पर बैठा दिया गया। कुर्सी पर बैठते ही उनकी भृकुटियाँ तन गईं, गरदन अकड़ गई, दिमाग सीधे सातवें आसमान पर जा पहुँचा, उन्हें अपने आमने-सामने वाला हर प्राणी बौना एवं दयनीय नज़र आने लगा, वे अटैचियाँ माँगने लगे, सुरा-सुन्दरी की ख्वाहिश करने लगे।

उस समझदार आदमी ने ईश्वर की हालत इतनी जल्दी 'बिगड़ते' देखी तो उसने कुर्सी से उन्हें उठने के लिए तुरन्त मन्त्र फूँका लेकिन मन्त्र फूँकने का ईश्वर पर उल्टा असर हुआ। वे कुर्सी को छोड़ने की बजाय उसे मज़बूती से पकड़ कर बैठ गए। उन्होंने कहा कि कुर्सी छीनने का षड्यन्त्र हो रहा है। मैं यह कुर्सी कभी नहीं छोड़ूँगा।

यह सुनकर समझदार आदमी की सारी समझदारी हवा हो गई। उसके होश फाख्ता हो गए। वह डर गया कि ईश्वर को इस पापकर्म में धकेलने की न जाने उसे क्या सज़ा मिलेगी। लेकिन ख़ैर, उसे एक तरकीब सूझी। उसने ईश्वर से कहा, 'ईश्वर, मैं आपको कुर्सी से हटा नहीं रहा। आपके लिए मैंने एक बड़ी तथा आरामदेह, स्थायी एवं अविनाशी कुर्सी का प्रबन्ध किया है।'

ईश्वर इस भुलावे में आ गए और तुरन्त कुर्सी से उठ गए। उठते ही उनका नशा टूट गया, आँखों के सामने छाया अँधेरा छँट गया।

अब समझदार आदमी उन्हें देखकर मुस्कुरा रहा था। ईश्वर की नज़रें झुकी हुई थीं। उन्हें इस बात पर शरम आ रही थी कि ईश्वर होते हुए अगर कुर्सी पर बैठकर उन्हें इतना नशा छा गया था, तो फिर मनुष्य तो आखिर मनुष्य है, उन्हीं की निर्मिति है, उन्हीं की सन्तान है, उसका क्या दोष है?

और आजकल ईश्वर कुर्सी का विकल्प ढूँढने में लगे हैं।

ईश्वर की दुनिया

कोई स्वर्ग इसलिए नहीं जाता कि वह स्वर्ग जाना चाहता है बल्कि वह स्वर्ग जाता ही तब है जब उसके सामने यह स्पष्ट हो जाता है कि वह स्वर्ग नहीं गया तो उसे नरक जाना पड़ेगा। इसके अलावा कोई विकल्प नहीं है। धरती पर रहने का विकल्प तो है ही नहीं!

वह स्वर्ग इसलिए भी जाता है कि वह सोचता है कि अन्ततः स्वर्ग भी पृथ्वी की तरह ही होता होगा बल्कि इससे बेहतर होता होगा मगर जब उसे पता चलता है कि स्वर्ग तो स्वर्ग है, पृथ्वी नहीं है तो वह निराश होकर भगवान से दुआ माँगता है कि उसके द्वारा किए गए पुण्यों को ध्यान रखते हुए ईश्वर उसे पुनः पृथ्वी पर भेज दें।

ईश्वर कहता है कि मैं तुम्हारे पुण्यों के बल पर तुम्हें पृथ्वी पर नहीं भेज सकता क्योंकि तुमने पुण्य किए ही इसलिए थे कि तुम्हें स्वर्ग मिले, तो तुम्हें स्वर्ग मिल चुका है।

जब वह रोने-गिड़गिड़ाने लगता है तो ईश्वर कहते हैं कि अच्छा तुम्हें पृथ्वी पर भेज देंगे मगर एक शर्त है कि तुम्हें वहाँ मच्छर बनकर जाना पड़ेगा। इसके अलावा वहाँ जाने का कोई और उपाय नहीं है। बताओ मंज़ूर है तुम्हें? काफ़ी झिकझिक के बाद तय होता है कि अच्छा मच्छर की बजाय ईश्वर उसे मक्खी बनाकर भेज सकते हैं। वह मंज़ूर कर लेता है।

वह मक्खी बनकर पृथ्वी पर आता है और जाहिर है कि कुछ दिन बाद मर जाता है। इसके बाद उसे न स्वर्ग मिलता है, न नरक, न पृथ्वी।

ईश्वर अपनी दुनिया इसी तरह चलाता है।

राम और उनकी जन्मभूमि

राम वह राम नहीं रह गए थे, जिन्होंने 14 वर्ष वनवास किया था, जिन्होंने कन्द-मूल-फल खाए थे, सीता का विरह सहा था, लंका पर आक्रमण किया था, रावण को मारा था, अयोध्या का राजसिंहासन सँभाला था।

बुढ़ापा किसी को नहीं छोड़ता। उसने राम को भी नहीं बख्शा था।

अब राम को आँखों से ठीक से दीखता नहीं था। ऊँचा बोलने पर ही कानों से सुनाई देता था। हाथ काँपते थे। पैरों से दो कदम चलने पर थकावट महसूस होती थी। कमर झुक चुकी थी। छाती से हमेशा बलगम निकलता रहता था।

उनके दरबारियों, उनके नाते-रिश्तेदारों, उनके भक्तों, उनकी प्रजा को उनका अन्त निकट दिखाई दे रहा था।

रामजी के बारे में सबको सबकुछ मालूम था लेकिन पछतावा था तो सिर्फ एक बात का कि उनका जन्म दशरथ के महल के किस हिस्से में हुआ था, यह किसी को मालूम नहीं था।

जैसा कि होता है, इसके लिए सब एक-दूसरे को दोष दे रहे थे। सब पछता रहे थे कि यह सवाल उनसे पहले कभी क्यों नहीं पूछा गया। पूछ लेते तो अच्छा रहता। वहाँ मन्दिर बनाने में रामभक्तों को आसानी रहती।

खैर, राम के शरीर में प्राण बाकी थे, चिड़िया ने पूरा खेत अभी चुगा नहीं था, इसलिए उम्मीद बाकी थी। दरबारी-रिश्तेदार-भक्त वगैरह तरह-तरह के बहानों से, तरह-तरह के भुलावे देकर, कभी सीधे, कभी टेढ़े ढँग से, 'जन्मस्थली' के बारे में पूछने में लगे हुए थे। कभी पोते को आगे करके, कभी बहू से पैर धुलवाकर, कभी बचपन की यादें दिलाकर, कभी कौशल्या के लिए आँसू बहाते हुए, एक ही सवाल उन पर बार-बार दागा जा रहा था। कभी राम पुरानी बातें सुनकर इतने विह्वल हो जाते कि उनकी आँखों से आँसू झरने लगते और दन्तविहीन मुख से वे जो बोलते, वह समझ में नहीं आता। कभी वह सवाल सुनते मगर उत्तर देने

से पहले भूल जाते कि उनसे क्या पूछा गया था। वह कुछ का कुछ जवाब देते। कभी खाँसी और बलगम का दौरा पड़ जाता। कभी उन्हें कुछ भी सुनना अच्छा नहीं लगता और वह बोलनेवालों को डपट देते। आशय यह है कि राम के आगे सारी तरकीबें फेल हो चुकी थीं। उत्तर नहीं मिल रहा था।

लेकिन रामजी का एक रिश्तेदार जड़भरत था। वह बिना लाग-लपेट के यही सवाल, घिसे रिकार्ड की तरह, बारम्बार पूछे जा रहा था कि आप पैदा कहाँ हुए थे।

और आश्चर्य कि सफलता उसे ही मिली। रामजी ने झुंझलाकर उसे उत्तर दिया, 'मस्ज़िद में.... ।'

इसके बाद कोई नहीं जानता कि राम के प्राण-पखेरू कब उड़े, कैसे उड़े, किस पहर उड़े।

सब लोग मस्ज़िद की तरफ़ दौड़ पड़े थे। राम का सिरहाना खाली था। वहाँ सिर्फ़ एक चिड़िया बैठी चूँ-चूँ कर रही थी।

□□□

प्राणपखेरू उड़ने के बाद राम ने एक दिन स्वर्ग से देखा कि उनके सारे नाते-रिश्तेदार, भक्त-प्रजा वगैरह एक मस्ज़िद के पास इकट्ठे हैं और 'मस्ज़िद अभी गिराएँगे और राम जन्मभूमि मन्दिर यहीं बनाएँगे' के नारे लगा रहे हैं।

राम यह देखकर हँसने से अपने को रोक नहीं पाए। वे हँसे, खूब हँसे। उनकी हँसी रुक नहीं रही थी!

स्वर्ग में उनकी हँसी से हड़कम्प मच गया। स्वर्ग में हँसने की सख्त मनाही थी और राम थे कि हँसे जा रहे थे।

इससे देवतागण क्रुद्ध हुए। हर् कोई राम के हँसने से चकित था। कोई मामूली आदमी होता तो भृत्य से कहकर ही उसे डाँट पिलवा देते लेकिन वे राम थे। कैसे कहें, यह सूझ नहीं रहा था।

खैर, एक देवता को ज़िम्मेदारी दी गई कि वह सख्ती में विनम्रता का उचित मिश्रण करते हुए राम को यह बता दे कि स्वर्ग में हँसना मना है।

उस देवता ने पहले रामजी के आगे दंडवत् किया, आशीर्वाद माँगा और फिर घुटनों के बल खड़े होकर, कोहनी तक हाथ जोड़कर कहा, 'रामजी, आप हमारे आदरणीय, आराध्य, पूज्य, वरेण्य, सबकुछ हैं और आप जो करें, वही उचित हैं,

स्तुत्य है, प्रणम्य है, मगर हर जगह के अपने नियम-कायदे होते हैं। यहाँ के भी हैं। यहाँ हँसना मना है। यूँ तो पूरा स्वर्ग आपका है। आप जहाँ चाहें, जैसे चाहें, रहें। हम सब आपको अपना आराध्य मानते हैं मगर प्रभो, अगर आपको हँसना है तो आप कृपया पृथ्वी पर पुनः अवतरित हो जाइए। हँसना-गाना, रोना-चीखना यह सब पृथ्वी पर शोभा देता है, स्वर्ग में नहीं। यहाँ हँसी को भी प्रदूषण समझा जाता है और पर्यावरण के प्रति विशेष सतर्कता बरतने के कारण यहाँ हँसने की सज़ा प्राणदंड है लेकिन आप तो प्रभु हैं, तीनों लोकों के स्वामी हैं। हम तो आपसे इतना ही निवेदन कर सकते हैं कि आपका रोना-गाना-हँसना जो भी बाकी रह गया हो, वह सब पृथ्वी पर निपटाकर फिर यहाँ वापिस आएँ। इससे आपको कष्ट तो होगा और हमें आपसे वंचित होने का दुःख भी होगा, लेकिन हम विवश हैं। हम स्वर्ग का अनुशासन बिगड़ने नहीं दे सकते। आशा है, आप हमारी मजबूरी को समझेंगे।'

राम कुछ कहते, इससे पहले उस देवता ने राम के चरण छुए और छूमंतर हो गया। राम देखते ही रह गए।

इस प्रकार राम फिर धरती पर आ गए।

❑❑❑

राम धरती पर आ तो गए मगर ज़माना काफ़ी बदल चुका था। न राज़ा रहे थे, न प्रजा रही थी। न वन रहे थे, न वनवास रहा था। उन्हें समझ में नहीं आ रहा था कि कहाँ जाएँ और क्या करें! धरती का मोह उन्हें यहाँ ले तो आया था मगर इन सब समस्याओं की उन्होंने कल्पना नहीं की थी। तब तो राजा दशरथ के घर कौशल्या की कोख से जन्मे थे और दुष्टों के दलन का उद्देश्य स्पष्ट था मगर अब तो वह यूँ ही घूमते-फिरते चले आए थे। अगर वह जानते कि अपनी जानी-पहचानी धरती पर भी उन्हें समस्या होगी तो वह हँसना रोककर स्वर्ग में ही पड़े रहते।

पर खैर आ तो गए ही थे।

दिल्ली देश की राजधानी बन चुकी थी। उन्हें पता चला कि वहाँ के राजा अंग्रेज़ी नामक कोई गिटपिट-गिटपिट भाषा बोलते हैं। रामजी ने सोचा, वहाँ तो बात बनेगी नहीं। फिर सुनते हैं वहाँ न रथ है, न पैदल चल सकते हैं। अनेकानेक प्रकार के तेज़ दौड़नेवाले वाहन वहाँ अत्यधिक मात्रा में हैं। वहाँ किसी की जान

की खैरियत नहीं। रामजी ने सोचा, अपन ठहरे पुराने ज़माने के आदमी। अपन से यह सब सधेगा नहीं। अयोध्या ही चलते हैं। कितनी ही बदल चुकी होगी, फिर भी अपनी जगह, अपनी होती है। लोग कम-से-कम वहाँ अवधी तो बोलते होंगे। हिन्दी भी बोलेंगे तो चल जाएगी।

तो इस प्रकार राम अयोध्या पहुँचे। वहाँ मन्दिर-मस्ज़िद का झगड़ा चल रहा था। जिस दृश्य को स्वर्ग से देखकर उन्हें हँसी आई थी और इतनी हँसी आई थी कि उसकी वजह से धरती पर आना पड़ा था, उसी दृश्य को देखकर उन्हें अब यहाँ आकर रोना आ रहा था।

एक जगह राम मन्दिर के बारे में झगड़ा चलता हुआ देखकर राम से रहा नहीं गया। वह बोले, 'अरे बन्धु, क्यों राम की जन्मभूमि के लिए झगड़ रहे हो? मैं तुम्हारे सामने प्रत्यक्ष राम खड़ा हूँ। मुझे खुद नहीं मालूम कि मेरा जन्म कहाँ हुआ था। झगड़ा छोड़ो और घर जाओ।'

रामजी का ख्याल था कि उनके इस कथन के बाद मामला सुलझ जाएगा। यह सुनकर कि मैं राम हूँ, झगड़नेवाले मेरे चरणों पर गिर पड़ेंगे। मैं उन्हें उठाऊँगा। अपनी छाती से लगाऊँगा। उनके सिर चूमूँगा। उनसे कहूँगा कि जाओ, सारी दुनिया से जाकर कहो, कि स्वयं राम ने कहा है कि उन्हें अपनी जन्मस्थली का पता नहीं है। वह राम जन्मभूमि के नाम पर भाई-भाई से झगड़ा नहीं चाहते। इतना सुनकर सब लोग सब पुरानी बातें भूल जाएँगे। राम का आदेश मान लेंगे। मामला खत्म हो जाएगा। वह पुनः स्वर्ग चले जाएँगे।

लेकिन हुआ उल्टा ही। 'रामभक्त' ने कहा, 'ओए, तुझे अपने को राम कहते हुए शर्म नहीं आती? तू समझता क्या है, अब हिन्दू जाग चुका है। वह इस तरह की बातें सहन नहीं करेगा। बाबर की औलाद होकर खुद को राम कहता है? बेशर्म!'

राम सकते में आ गए। इस तरह की भाषा के वह अभ्यस्त नहीं थे। उनके दुश्मनों ने भी कभी उनके लिए इस भाषा का इस्तेमाल नहीं किया था। फिर भी उन्होंने अपने-आपको सँभाला। उत्तेजित नहीं हुए। विनम्र तो वह थे ही, और भी विनम्र बन गए। उन्होंने कहा, 'नहीं, श्रीमान मुझे नहीं मालूम बाबर कौन था। आप तो जानते हैं मैं युगों पहले यहाँ से चला गया था मगर मैं राम हूँ। दशरथनन्दन। कौशल्यासुत। सीतापति।'

भीड़ में से कोई दूसरा बोला, 'अबे ओ, ज़बान सँभालकर बातें कर। जो मुँह में आ रहा है, बक रहा है। तेरी ये हिम्मत, बाबर की औलाद!'

राम फिर भी शान्त रहे। 'महानुभाव, ये बाबर कौन था और बाबर की औलाद किसे कहते हैं, कृपया कुछ खुलासा करके बताएँगे?'

लेकिन राम की विनम्रता का असर उल्टा हो रहा था। भीड़ में से एक ने कहा, 'अभी हम सारा खुलासा किए देते हैं...।'

इतना कहकर वह क्रोध में राम की ओर लपका मगर दूसरे ने, जो ज़्यादा ताकतवर था, उसे ऐसा करने से रोक दिया। अब इस दूसरे ने राम से पूछा, 'तू सच-सच बता, तू है कौन? कहाँ से आया है? तुझे किसी नकली धर्मनिरपेक्षतावादी ने यहाँ भेजा है? बता नहीं तो मुझसे बुरा कोई न होगा।'

राम फिर भी अविचलित रहे। विनम्रता का घातक प्रभाव होते देखकर भी उन्होंने अपना रंग-ढँग नहीं बदला। न कोई चमत्कार दिखाया। राम ने कहा, 'सचमुच मैं राम हूँ भाई...।'

इतना सुनते ही फिर एक आदमी क्रुद्ध हो गया। उसने कहा, 'फिर तू पागलपन की बात कर रहा है। तेरा भेजा तो ठीक है? तेरे को अपनी जान प्यारी है तो सच-सच बता, तू है कौन?'

राम ने फिर कहा, 'सच बता रहा हूँ...।'

लेकिन इधर से फिर क्रोध बरसा, 'अबे, सच के बच्चे, मानेगा नहीं। बता, बाबर की औलाद, तू है कौन?'

'मैं बाबर की औलाद नहीं, दशरथनन्दन हूँ।'

इतने में एक ने हँसते हुए कहा, 'तो तू राम है?'

'हाँ, राम हूँ।'

'दशरथनन्दन है?'

'हाँ, दशरथनन्दन हूँ।'

'तू, कौशल्यासुत है?'

'हाँ, कौशल्यासुत हूँ।'

'सीतापति है?'

'हाँ, सीतापति हूँ।'

यह सुनकर सब ठहाके लगाने लगे। राम कुछ कहते, इससे पहले एक ने कहा, 'चल फूट। रास्ता नाप। और सुन, इधर दोबारा मुँह मत करियो वरना तेरी वो गत बनेगी कि याद रखेगा।'

सब फिर से हँसने लगे।

राम वहाँ से चल पड़े। थके। अपमानित। निराश्रित।

पृष्ठभूमि में 'मस्ज़िद अभी गिराएँगे, मन्दिर यहीं बनाएँगे' के नारे लग रहे थे।

राम समझ नहीं पा रहे थे क्या करें। यहाँ रहें या स्वर्ग जाएँ। वह दुविधा में थे। उन्हें लग रहा था कि स्वर्ग में देवता उनकी हालत पर हँस रहे हैं।

महान बनने के नुस्ख़े

1

महान बनने का पहला नुस्ख़ा यह है कि महान बनने का कोई नुस्ख़ा नहीं है। होता तो यकीन मानिए कि वह एक पुस्तक की शक्ल में रेलवे बुकस्टालों पर ज़रूर मिल रहा होता और तमाम बेरोज़गार युवक उसे खरीदने की ग़लती ज़रूर कर रहे होते।

2

महान बनने का हकीमी नुस्ख़ा यह है कि अगर महान बनने के नुस्ख़े नामक किताब बाज़ार में मिले तो उसे कभी मत खरीदिए क्योंकि वही लेखक आपको अपनी अगली किताब में अचार और मुरब्बे बनाने की सरल विधियाँ भी बताएगा।

3

महान बनने का एक नुस्ख़ा यह है कि आप हमारे इन नुस्ख़ों को पढ़ते जाएँ हालाँकि इनमें महान बनने का एक भी उपयोगी नुस्ख़ा नहीं मिलेगा।

लेकिन जिसने हमारा पहला नुस्ख़ा पढ़ा और छोड़ दिया, यकीन मानिए कि वह दलाली करेगा तो करोड़ों बनाएगा, नौकरी करेगा तो रिश्वत में लाखों पाएगा, जल्दी अफ़सर बनकर ठेकेदारी करने के सपने देखने लग जाएगा।

4

महान बनने का एक और नुस्ख़ा यह है कि महान बनने में व्यस्त मत हो जाइए। वक़्त मिले तो अपनी बूढ़ी दादी या माँ से बातें कीजिए, छोटे बच्चों को कन्धे पर बिठाकर घुमाइए और पत्नी के कामों में हाथ बँटाइए। यह लोये बनाए और आप गोल-गोल रोटी, तो अति उत्तम।

5

महान बनने का नुस्ख़ा यह भी है कि इसके लिए सोलह सोमवार के व्रत मत कीजिए। अगर करना शुरू कर दिया हो तो भूख लगने पर तर माल खा लीजिए। अगर ऐसा करने से थोड़ा पेट निकल आए तो तोंद पद हाथ फेरकर मस्त हो जाइए।

6

महान बनने का बढ़िया नुस्ख़ा यह है कि जब लोग आपको आपके मुँह पर महान कहने लगें तो आप शरमाकर मुस्कुराना आरम्भ न कर दें। बल्कि आपको यह समझना चाहिए कि आप कोई ऐसी हरकत कर बैठे हैं जिससे कि असमय ही लोग आपको महान कहने के लिए विवश हो गए हैं। अतः दुर्घटना से सावधानी भली।

7

महान बनने का एक अच्छा नुस्ख़ा यह है कि जब आप खुद को महान मानने को बाध्य हो रहे हों तो समझ जाइए आपको तत्काल मनोचिकित्सक की सलाह की और उस पर अमल करने की सख़्त ज़रूरत है।

8

महान बनने का एक आज़माया हुआ नुस्ख़ा यह है अगर आपका पड़ोसी महान बनना चाहता है तो उससे ईर्ष्या मत कीजिए। यह मत भूलिए कि वह अपने प्रयास

में सफल होगा, तो उस स्थिति में आपको एक महान व्यक्ति का पड़ोसी होने का सौभाग्य प्राप्त होगा।

9

महान बनने का पुराना नुस्ख़ा यह है कि कोई आदमी चाहे भी तो बारहों महीने और बत्तीस घड़ी महान बनकर नहीं रह सकता। मसलन जब वह नित्यकर्म करता है या ज़ोर-ज़ोर से खाँसता-खँखारता है या स्नानागार में गाना गाता है या बस-रिक्शा-स्कूटर के इन्तज़ार में खड़ा होता है या दूधवाले को दूध में पानी मिलाने के लिए झिड़कता है या खर्राटे लेता है तो आप नहीं कह सकते कि यही वह महान आदमी है जो कि कल मंच को सुशोभित कर रहा था।

10

महान बनने का न तो किसी विभाग में कोई फार्म मिलता है, न इसके लिए न्यूनतम योग्यता बी. ए. और अधिकतम आयु 28 वर्ष निर्धारित है।

लेकिन ठीक इसी वजह से ख़तरा है आप महान बनने निकलें और संयोग से कहीं नौकरी मिल जाए तो आप घर पर खुशी-खुशी एक किलो लड्डू ख़रीदकर लेते आएँ।

11

महान बनने के लिए ज़रूरी है कि दाएँ गाल पर झापड़ खाने के बाद आपको अविलम्ब यह याद आ जाए कि आपके पास एक बायाँ गाल भी है जिसे मारनेवाले की सेवा में प्रस्तुत करना आवश्यक है।

जो महान नहीं बन सके उन्हें दाएँ गाल पर तमाचा खाने के तुरन्त बाद याद आ जाता है कि उनके पास भी दो हाथ हैं। वे तय करते हैं कि किस हाथ का उपयोग पहले करना बेहतर और कारगर रहेगा।

12

यह मत भूलिए कि महान बनना संविधानप्रदत्त बुनियादी अधिकार नहीं है। इसलिए अगर कोई महान बनने के आपके रास्ते में रोड़े अटकाता है तो न तो इसकी एफ.आई.आर. लिखने के लिए आप पुलिस को बाध्य कर सकते हैं, न न्यायालय के दरवाज़े खटखटा सकते हैं।

13

महान बनने के लिए चेहरे का तनावपूर्ण होना कतई ज़रूरी नहीं है। महान लोगों को भी अनन्तकाल से सहज रहने, बक-बक करने, ठठाकर या फिस्स हँसने की छूट रही है। कई बार उनके पायजामे का नाड़ा भी ढीला हो जाता रहा है और रास्ते चलते ही उसने उन्होंने कसा है।

14

जो कहते हैं कि महान बनने का रास्ता काँटों भरा है, उन पर कभी यक़ीन मत कीजिए। ऐसे लोगों की हिन्दी मुहावरों की जानकारी हो सकती है, रास्तों की नहीं।

15

अगर कालिदास या टॉल्सटॉय भी राशन की दुकान पर गेहूँ-चीनी-चावल-माचिस लेने जाते तो उनकी भी वही गति हुई होती जो आज आपकी हुई है। इससे यह निष्कर्ष कतई मत निकालिए कि आप महान होने के योग्य नहीं हैं।

मानवता और रसगुल्ले

1

एक बार दिल्ली के विज्ञान भवन में मानवता पर तीन दिन का अन्तर्राष्ट्रीय सम्मेलन हुआ।

बड़े-बड़े देशों से, बड़े-बड़े हवाई जहाज़ों में लदकर बड़े-बड़े विद्वान आए, बड़े-बड़े होटलों में ठहरे और मानवता पर उन्होंने बड़ी-बड़ी बातें कीं।

एक ने कहा—मानवता मर रही है।

तो सबने कहा—जी हाँ, मानवता मर रही है।

एक ने कहा—मानवता को बचाना है।

तो सबने कहा—जी हाँ, मानवता को बचाना है।

एक ने कहा—मानव रहे न रहे, मानवता कभी ख़त्म नहीं होनी चाहिए।

तो सबने कहा—जी हाँ, सही कहा आपने, हम मेजें थपथपाकर इसका समर्थन करते हैं।

सम्मेलन के अन्त में सबने कहा—इस सम्मेलन की सबसे बड़ी उपलब्धि रसगुल्ले थे। यह सम्मेलन उन रसगुल्लों के लिए हमेशा याद किया जाएगा, जो इसमें परोसे गए थे।

2

हालाँकि जब वे मानवता की बातें करते थे, तो लगता था कि वे रसगुल्लों की प्रशंसा कर रहे हैं लेकिन इस बारे में दो राय नहीं हो सकतीं कि उन्हें रसगुल्लों से कम, मानवता से ज़्यादा प्यार था।

इसका प्रमाण यह है कि मानवता की बातें करने के बाद ही उन्हें रसगुल्ले खाते देखा गया है। ऐसा शायद ही कभी हुआ हो कि रसगुल्ले खाने के बाद किसी ने उनसे मानवता की चर्चा सुनी हो।

वह अपने भाषण के अन्त में एक बात कहना कभी नहीं भूलते थे कि मानवता का रसगुल्लों से अटूट सम्बन्ध है। जैसे-जैसे देश में रसगुल्लों का प्रचार तथा उत्पादन बढ़ता जाएगा, वैसे-वैसे मानवता का विकास भी होता जाएगा।

विस्मय से लोग पूछते थे कि ऐसा क्यों होगा? वह कहते थे कि ऐसा इसलिए होगा कि दरअसल मानवता भी अपने सारतत्त्व में एक रसगुल्ला ही है। वह मीठी होते हुए भी तभी अच्छी लगती है जब उसे फ्रिज से निकालकर सामनेवाले के सामने पेश किया जाए और उसकी सार्थकता तभी है जब मक्खियाँ उस पर आकर भिनभिनाएँ।

सज्जन चूहा

एक चूहा बेहद सज्जन था। इतना सज्जन कि सर्वप्राणी सज्जन क्लब के पदाधिकारी उसे अपने क्लब में शामिल करने के लिए निमंत्रित करने आए।

वह सज्जन था मगर इतना भी नहीं कि चीं-चीं न करे, कपड़े न काटे।

सज्जनों ने उसे खूब समझाया कि 'भई चूहे, तुम चूहे होते हुए भी सज्जन हो इसलिए हम तुम्हें अपनी बिरादरी में शामिल कर रहे हैं। हम तुम्हारे छोटे-से कद को नज़रअन्दाज कर रहे हैं, तुम्हारी पूँछ की तरफ़ ध्यान नहीं दे रहे हैं, तुम्हें बिल में रहने से रोक नहीं रहे हैं, लेकिन तुम चीं-चीं करना छोड़ दो, कपड़े काटना बन्द कर दो।'

चूहा सज्जन था मगर बड़ा सख़्तजान था। उसने कहा–'सज्जनो, क्या इतना काफी नहीं है कि मैं सज्जन हूँ? अब तुम शर्त लगा रहे हो कि मैं चीं-चीं करना छोड़ दूँ, कपड़े काटना छोड़ दूँ, कैसे छोड़ दूँ? मैं सज्जन हूँ मगर चूहा भी तो हूँ! कल आप कहेंगे कि चूहे-चूहे तू सज्जन तो है मगर जगह-जगह लेंडियाँ करता फिरता है। ये सज्जनों को शोभा नहीं देता। तू लेंडी करना छोड़ दे। कल से आप कहेंगे कि सज्जन लोग बिल्ली को देखकर भागा नहीं करते, इसलिए तू भी भाग मत कर तो क्या मैं मर नहीं जाऊँगा? आप तो हद से हद एक शोक-सभा करके घर बैठ जाएँगे लेकिन मुझ गरीब की तो इस जीवन से हमेशा-हमेशा के लिए छुट्टी हो जाएगी! इसलिए हे सज्जनो, अगर मैं सज्जन हूँ तो अपनी चीं-चीं करने और कपड़े कुतरने की आदत के साथ हूँ। अगर आप इस वजह से मुझे सज्जन न मानना चाहें तो आप इसके लिए स्वतन्त्र हैं। मैं अपनी जगह खुश हूँ, आप अपनी जगह खुश रहिए।'

सज्जनों ने चूहे के इन विचारों पर विचार किया। फिर से वे चूहे के पास गए। उन्होंने कहा कि अच्छा, तुम चीं-चीं तो करते रहो मगर कपड़े कुतरना तो

छोड़ दो। बताओ जो प्राणी हम मनुष्यों के कपड़े काटा करता हो, उसे हम अपनी बिरादरी में कब तक शामिल रख सकते हैं?

लेकिन चूहा अड़ गया। कहने लगा कि जी मैं तो कपड़े कुतरूँगा। जो चीज़ कुतरी जा सकती है, कुतरूँगा। रोटी मिली तो रोटी, कपड़ा मिला तो कपड़ा। जैसे आप यह नहीं भूल सकते कि आप दो हाथ, दो पैर के आदमी हैं, वैसे मैं भी यह भूल नहीं सकता कि मैं चूहा हूँ।

मगर सज्जन लोग तो सज्जन होने का संकल्प ले चुके थे। जो भी सज्जन हो—चाहे वह कुत्ता हो, लोमड़ी हो, चूहा हो, खरगोश हो, सिंह हो, गाय हो, कीड़ा हो—उसे अपने साथ शामिल करना चाहते थे। इसलिए वे आसानी से चूहे का पीछा छोड़नेवाले नहीं थे। उन्होंने चूहे के सामने नया प्रस्ताव पेश किया कि वह दुर्जनों के कपड़े भले ही कुतरे लेकिन सज्जनों को तो इससे बख़्श दे! कम से कम सर्वप्राणी सज्जन क्लब के सदस्यों के कपड़े तो बिलकुल न कुतरा करे!

चूहा यह सुनकर तो आग-बबूला हो गया। उसने कहा कि हम चूहे, आदमी-आदमी में भेदभाव नहीं करते। हम सब मनुष्यों को बराबर समझते हैं। जहाँ हम होंगे और जहाँ कपड़े होंगे, वहाँ हम उन्हें ज़रूर कुतरेंगे। वैसे भी हमें कपड़ों से यह पता नहीं चलता कि ये कपड़े दुर्जन के हैं या सज्जन के। इसलिए हम कपड़े कुतरते आए हैं और कुतरते जाएँगे। आपकी सज्जनता आपको मुबारक।

इतना कहकर चूहा गुस्से में इन सज्जनों की सभा से चला गया। सज्जन हतप्रभ थे। वे समझ नहीं पाए कि अब क्या करें।

इन सज्जनों में एक सज्जन क्रोधी स्वभाव का था। उसे चूहे के इस व्यवहार से बेहद धक्का पहुँचा। उसने कहा—'एक चूहा यानी कि सचमुच का एक चूहा इतने सारे सज्जन आदमियों का अपमान करके चला गया और हम देखते रह गए। यानी अब हमें चूहों से भी अपनी बेइज्जती करानी पड़ेगी, यह नौबत आ चुकी है? वह चूहा तो हमें चूहा बनाकर छोड़ गया। क्या हमने इसी उद्देश्य से सर्वप्राणी सज्जन क्लब बनाया था? मैं ऐसे क्लब की सदस्यता पर थूकता हूँ।'

जिस प्रकार चूहा भागकर किसी बिल में गायब हो गया था, उसी तरह यह क्रोधी सज्जन भी अचानक तेज़ी से उठा, मारुति में बैठा और हवा में गायब हो गया।

लेकिन बाकी सज्जन इतने क्रोधी नहीं थे। वे क्रोधी सज्जन के क्रोध से विचलित नहीं हुए। उन्होंने सर्वप्राणी सज्जन क्लब में चूहों के प्रतिनिधित्व के उपायों पर सोच-विचार करना जारी रखा। काफ़ी बहस-मुबाहिसे के बाद यह तय पाया गया कि चूहे को कम से कम कपड़े कुतरना तो छोड़ना ही पड़ेगा। अन्ततः उसे चीं-चीं करने की आदत पर भी काबू पाना होगा। तभी वह हमारे क्लब की स्थायी सदस्यता का पात्र होगा।

सवाल यह सामने आया कि ऐसा चूहा मिलेगा कहाँ?

अन्त में अभी-अभी एक मरे हुए चूहे की पूँछ पकड़कर लाया गया। उसे सारी शर्तें स्वीकार थीं। यहाँ तक कि जब उसकी पूँछ काटी जाने लगी तो उसने चीं-चीं तक नहीं की!

•

खरगोश और कछुआ

1

कुछ पुरानी बात है। एक खरगोश ने एक कछुए से कहा, ''आओ दौड़ें। देखें तुम जीतते हो या मैं?''

कछुआ सुस्त था मगर होशियार था। उसने उस विश्व प्रसिद्ध कछुआ-खरगोश दौड़ के बारे में सुन रखा था जिसमें खरगोश हार गया था और कछुआ जीत गया था। कछुए ने अनुमान लगा लिया कि हो न हो, यह खरगोश, अपने पूर्वज की हार का बदला लेना चाहता है। यह रास्ते में सो जाने की गलती नहीं करेगा और मुझे हरा देगा। मैं ख़ामख़ाह अपने पूर्वज का नाम ख़राब क्यों करूँ। मैं नहीं दौड़ता।

कछुए ने जब मना कर दिया तो खरगोश को आश्चर्य हुआ। उसने सोचा कि शायद इसे उस पुरानी प्रसिद्ध कथा के बारे में पता नहीं है। खरगोश ने पूरी कथा सुनाई और कछुए से दौड़ में शामिल होने का आह्वान यह कहते हुए किया, ''मैं सो भी तो सकता हूँ। तुम जीत भी सकते हो। आओ हो जाए मुकाबला।''

कछुए ने फिर से मना कर दिया। उसने सफ़ाई देते हुए खरगोश से कहा, ''तुम बेवकूफी नहीं करोगे तो मैं जीतूँगा नहीं। और तुम बेवकूफी करोगे क्यों और मैं जीतूँगा क्यों? तुमसे हारकर अपने लकड़दादा के लकड़दादा का नाम क्यों ख़राब करूँ।''

जब कछुआ किसी भी तरह नहीं माना तो खरगोश खुद ही इस किनारे से उस किनारे तक दौड़ गया और उसने कछुए के मुकाबले अपनी जीत की घोषणा कर दी। फिर उसने प्रेस विज्ञप्ति तैयार की और तमाम अख़बारों को दे आया। अगले दिन ख़बर अख़बारों में छप गई कि कछुआ अन्ततः हार गया है और खरगोश जीत गया है।

कछुए ने जब यह सुना तो उसे खरगोश की इस हरकत पर बहुत गुस्सा आया। उसने खरगोश के ख़िलाफ अदालत में दावा ठोंक दिया।

अब कछुए और अदालत में दौड़ चल रही है। कछुआ कहता है कि मैं जीतूँगा। अदालत कहती है कि वह जीतेगी।

फिलहाल दौड़ जारी है।

2

एक खरगोश था और एक कछुआ था।

खरगोश को मालूम था कि एक बार उसके पूर्वज कछुए से दौड़ में हार चुके हैं, इसलिए उसने इस अपमान का बदला लेने के लिए कछुए से दौड़ प्रतियोगिता में शामिल होने का आह्वान किया।

कछुए को पता था कि वह इस बार निश्चित रूप से खरगोश से हार जाएगा क्योंकि खरगोश इस बार रास्ते में सोने की गलती शायद ही करे, इसलिए उसने प्रतियोगिता में भाग लेने से मना कर दिया। उसने कहा—'तुम कहाँ और मैं कहाँ? मुझे तो दौड़ना बिलकुल नहीं आता। मैं तो तुमसे चलने में भी बराबरी नहीं कर सकता, इसलिए मैं पहले ही तुमसे हार मान लेता हूँ।'

खरगोश इससे खुश हो गया। उसने कछुए से कहा कि लेकिन यह बात लिखकर देनी पड़ेगी, तभी इसे सारी दुनिया मानेगी।

कछुए को अचानक अपने ऐतिहासिक दायित्व का ज्ञान हो गया कि लिखकर देने का मतलब होगा अपने पूर्वज की गौरवशाली उपलब्धि पर बैठे-बिठाए पानी फेरना इसलिए उसने बहाना बनाया—'मुझे लिखना नहीं आता।'

खरगोश ने कहा—'तो ठीक है, मैं तुम्हारी तरफ़ से लिख दूँगा। तुम उस पर अँगूठा लगा देना।'

कछुए ने जवाब दिया—'मैं कछुआ हूँ, आदमी नहीं कि जहाँ कहो, अँगूठा लगा दूँ। वैसे भी तुम जो लिखोगे, उसे पढ़ना भी मेरे बस में नहीं और मेरे पिताजी स्वर्गवासी होने से पहले मुझसे कह गए थे कि बेटा बिना पढ़े हुए कभी किसी कागज़ पर दस्तख़त मत करना क्योंकि यह दुनिया बड़ी धोखेबाज है।'

खरगोश ने मनाया, बहुत समझाया, बहुत डराया भी मगर कछुआ अपनी हार मान लेने की बात लिखकर देने को तैयार नहीं हुआ। उसने इतनी उदारता

ज़रूर दिखाई कि अगर खरगोश अपनी जीत का दावा पेश करेगा तो वह आगे बढ़कर इसका खंडन नहीं करेगा।

संयोग से ज़माना इतना आगे बढ़ चुका था कि खरगोश और कछुए की दौड़ में किसी की दिलचस्पी नहीं रह गई थी। अधिकांश अखबारवालों और टीवी वालों को पता ही नहीं था कि खरगोश और कछुए का मसला क्या है, इसलिए खबर नहीं छपी। इसे न किसी टीवी चैनल ने दिखाया, न किसी अखबार ने छापा। खरगोश ने बहुत अनुनय-विनय की मगर असर नहीं हुआ।

इस तरह एक बार फिर खरगोश, कछुए से हार गया।

3

फिर से एक दिन खरगोश ने कछुए से कहा—'आओ दौड़ें।'

कछुआ झुँझला गया। उसने कहा—'मैंने तो उसी दिन तुमसे हार मान ली थी मगर तुम्हारी जीत का नोटिस मीडिया ने नहीं लिया, तो तुम मुझसे फिर से प्रतियोगिता करके क्या हासिल करना चाहते हो? ढाक के वही तीन पात रहेंगे।' खरगोश ने कहा—'मैं इस बार कैमरे से इस प्रतियोगिता को रिकार्ड कराऊँगा और इसकी सी.डी. टीवी और अखबारवालों को खुद देकर आऊँगा तो वे मेरी जीत की खबर ज़रूर देंगे।'

खरगोश ने कछुए से कहा कि लगता है तुम शारीरिक रूप से विकसित होकर भी मानसिक रूप से अविकसित हो और कभी कोई बात तुम्हें ठीक से समझ में नहीं आती। यह तो तुम्हें उसी दिन समझ जाना चाहिए था कि आज किसी को इस बात से लेना-देना नहीं है कि कछुआ, खरगोश से हारता है या खरगोश, कछुए से। आज कोई खरगोश है तो वह दौड़ में किसी खरगोश से नहीं, किसी हिरण से आगे बढ़ने की सोचता है। वह कछुए से हार-जीत के बारे में तो सोचता ही नहीं है और एक तुम हो कि तुम्हें हज़ारों साल पहले कछुए से हारने की बात सताती रहती है इसलिए हर बार वही मुद्दा लेकर आ जाते हो। इससे उबरो भाई। इस पागलपन में कुछ नहीं धरा। कुछ ऐसा करो कि खरगोश जाति को कछुए से हार के कारण नहीं, बल्कि उसके काम के कारण जाना जाए।

खरगोश को पहले तो यह बात जँची, फिर लगा कि अच्छा, पहले तो इसके पूर्वज ने हमें दौड़ में हराया था और अब यह हमें उपदेश देने लगा है? यह नहीं हो सकता।

खरगोश ने कहा—'तुम चाहे जो कहो, तुम्हें मेरे साथ तो दौड़ में भाग लेना ही पड़ेगा।'

कछुए ने कहा—'जाओ, मैं नहीं लेता। तुम मेरा क्या कर लोगे?'

खरगोश ने कहा—'मैं तुम पर हमला कर दूँगा।'

'कर दो,' यह कहकर कछुआ अपनी खाल में घुस गया और खरगोश उसके ऊपर उछलकूद मचाता रहा। आख़िर जब वह थक गया तो कछुआ खरामाँखरामाँ अपनी राह चला गया।

4

खरगोश को कछुआ मिल गया तो ख़रगोश ने फिर से उसे चुनौती दे डाली।

कछुआ अच्छी तरह समझ चुका था कि खरगोश समझाने से समझेगा नहीं, फिर भी उसने समझाया कि देखो मैं तो तुमसे हारकर भी जीत जाऊँगा मगर तुम मुझसे जीतकर भी हार जाओगे, इसलिए मुझसे प्रतियोगिता करने का विचार छोड़ दो।

खरगोश को यह पहेली समझ में नहीं आयी। उसने पूछा, 'यह कैसे होगा?'

कछुए ने कहा—'ऐसे होगा कि तुम मुझसे प्रतियोगिता करोगे तो जंगल के सारे प्राणी यही कहेंगे कि हज़ारों साल हो गए मगर खरगोश के मन से कछुए से हारने की बात नहीं गई है, कितना बेवकूफ है यह। इसलिए तुम्हारी जीत होने पर भी कोई ताली नहीं बजाएगा। और मान लो मैं जीत गया, तब तो लोग तुम पर इतना हँसेंगे कि हँस-हँसकर पागल हो जाएँगे। दोनों हालत में तुम्हारी ही हँसी उड़ेगी। क्या तुम इसके लिए तैयार हो?'

खरगोश ने कहा—'बिलकुल नहीं।'

कछुए ने कहा—'इसका मतलब यह है कि तुम फिर से मुझसे प्रतियोगिता करने की बात नहीं करोगे?'।

लेकिन खरगोश ने इसका कोई जवाब नहीं दिया। वह चुपचाप चला गया।

5

यह तब की बात है जब पृथ्वी पर जंगल हुआ करते थे और उनमें तमाम जीव-जन्तु रहा करते थे। तब कछुओं और खरगोशों में आपस में मित्रता नहीं थी।

कारण यह था कि इधर खरगोश यह नहीं भूले थे कि उनके पूर्वज कछुए से हार चुके थे इसलिए उन्हें कछुओं से बदला लेना है और उधर कछुए, खरगोशों को इतना मूर्ख मानते थे कि ये दौड़ने में तेज़ ज़रूर हैं मगर प्रतियोगिता के समय इन्हें सोने की बीमारी है इसलिए कछुए भी इनसे जीतकर नाम कमा लेते हैं लेकिन कछुए जीत जाते हैं तो हज़ारों साल तक खरगोश इसी बात पर छाती पीटते रहते हैं और आँसू बहाते रहते हैं।

लेकिन दोनों में सिर्फ दोस्ती नहीं थी बल्कि छुपी हुई दुश्मनी भी थी। दोनों, दोनों को महाबेवकूफ समझते थे और जंगल के जानवर तो दोनों को बेवकूफ समझते ही थे। यह बात दोनों को पता चल चुकी थी मगर वे इतने बेवकूफ थे कि इसके बावजूद बेवकूफी बंद नहीं करते थे। वे कभी कछुए को भड़काते थे और कभी खरगोश को और नतीजे में दोनों लड़ पड़ते थे। दोनों एक-दूसरे को दौड़ प्रतियोगिता में शामिल होने की चुनौती देने लगते थे मगर अच्छी बात यह थी कि मामला जब तूल पकड़ लेता था, तब दोनों के दिमाग इस डर से ठंडे पड़ने लग जाते थे कि कहीं हम अपने दुश्मन से हार गए तो हमारी भद्द हमेशा के लिए पिट जाएगी, इसलिए दोनों आपस में लड़े बिना ही अपनी बहादुरी दिखाने के बहाने खोजते रहते थे। अन्ततः वे एक-दूसरे को यह कहते हुए अपने-अपने रास्ते चले जाते थे कि इस बार तो माफ़ कर दिया मगर अगली बार इस तरह हरकत की तो अच्छी तरह मज़ा चखाऊँगा।

6

कछुओं ने अपने उस बुजुर्ग की स्मृति में एक प्रतिमा बनवाई थी, जिसके बारे में कहा जाता था कि उसने खरगोश जैसे दौड़ाक को भी हरा दिया था। खरगोशों ने इसका विरोध किया लेकिन कछुओं ने उनकी बात पर कोई ध्यान नहीं दिया।

कछुओं से इसका बदला लेने के लिए खरगोशों ने प्रतिमा पर चढ़कर मल-मूत्र करना शुरू कर दिया लेकिन कछुए रोज़ आते और इसे साफ करके चले जाते। एक दिन देखा गया कि खरगोश, कछुए की प्रतिमा पर मल-मूत्र करने नहीं आए तो कछुए चिन्तित होकर स्वयं उनके पास गए और उनसे पूछा–'आप सब ठीक तो हैं? क्या बात है हमारे पूर्वज की प्रतिमा पर आज आपने मल-मूत्र त्याग करने का कष्ट नहीं किया।'

इस पर एक खरगोश ने सफाई दी–'क्या बताएँ, कल हमने ऐसी कोई चीज़ खा ली थी जिससे कि न हमारा मल निकल पा रहा है और न मूत्र, इसलिए हमें दुख है कि हम आपके पूर्वज की सेवा नहीं कर पाएँगे।'

इसके बाद कछुओं ने भगवान से खरगोशों का पेट ठीक करने की प्रार्थना की, जो भगवान ने अगले ही दिन सुन ली। फिर भी पता नहीं क्या हुआ कि उसके बाद से खरगोशों ने वहाँ मल-मूत्र त्याग करने के लिए आना बंद कर दिया, हालाँकि कछुए, खरगोशों की प्रतीक्षा करते रहते थे क्योंकि इस बीच यह मान्यता प्रचलित हो गई थी कि हमारे पूर्वज की प्रतिमा पर खरगोशों का मल-मूत्र त्याग करना हमारे लिए शुभ सिद्ध हुआ है। हो सकता है कि खरगोशों को यह बात पता चल गई हो और इसी कारण से उन्होंने यहाँ आना बन्द कर दिया हो।

7

एक दिन चमत्कार हुआ। इस बार परम्परा के विरुद्ध कछुओं ने ही खरगोशों से प्रतियोगिता की पेशकश कर दी।

खरगोश इससे चकरा गए। उनकी ओर से जब पूछा गया कि कछुओं को प्रतियोगिता करने की क्यों सूझी है, तो कछुओं की ओर से स्पष्ट रूप से कहा गया कि हमारे पूर्वज चूँकि तुम्हारे पूर्वज को दौड़ प्रतियोगिता में हरा ही चुके हैं, इसलिए अब हम तुम्हें पैदल चलने की प्रतियोगिता में हराना चाहते हैं।

खरगोश तैयार हो गए। उन्होंने तय किया उनका प्रतिनिधि इस बार रास्ते में कतई नहीं सोएगा और कछुए को हराकर रहेगा। इस पर कछुओं ने अपनी बात स्पष्ट की कि हमारी शर्त यह होगी कि खरगोश भी उसी गति से चलेगा, जिस गति से कछुआ चलता है क्योंकि तेज़ चलनेवाला तो धीरे भी चल सकता है मगर धीरे चलनेवाला कछुआ, खरगोश की तरह तेज़ नहीं चल सकता। इसलिए खरगोश को ही धीरे चलना पड़ेगा।

यह शर्त खरगोशों को मंजूर नहीं थी, इसलिए उन्होंने कहा कि बिना प्रतियोगिता किए ही हम कछुओं से हार मान लेते हैं क्योंकि इस बार भी इस बात की प्रबल सम्भावना है कि कछुआ गति से चलने के चक्कर में खरगोश रास्ते में सो जाएँ और हार जाएँ। इसलिए समझदारी इसी में है कि हम पहले ही हार मान लें।

कछुए ने कहा कि लेकिन इस बार खरगोशों को अपनी हार दूसरी बार मानते हुए लिखित बयान जारी करना पड़ेगा। खरगोशों ने बिना नानुकुर किए यह भी कर दिया।

8

अगली बार जब कछुए, खरगोशों के सामने प्रस्ताव लेकर गए कि अब हम भविष्य में कभी प्रतियोगिता नहीं करेंगे, तो खरगोशों ने इसे मानने से इनकार कर दिया।

कछुओं का मानना था कि जो हो चुका, सो तो हो चुका मगर अब हम आगे की सोचें। इससे एक ओर खरगोशों को भविष्य में कछुओं से हारने की शर्मिंदगी का सामना नहीं करना पड़ेगा और दूसरी तरफ कछुओं को इस बात का तनाव नहीं रहेगा कि भविष्य में खरगोशों ने उन्हें फिर से मुकाबले के लिए मजबूर कर दिया तो वे जीतेंगे कैसे!

लेकिन खरगोशों का कहना था कि इसके पीछे ज़रूर कछुओं का कोई गहरा षड्यन्त्र है ताकि हमेशा-हमेशा के लिए इतिहास की किताबों और कहानियों की पुस्तकों में यह लिखा जाए कि खरगोश, कछुए से हार गए थे लेकिन यह कहीं न लिखा जाए कि उसके बाद खरगोशों ने कई बार अलग-अलग स्थानों और अलग-अलग मौकों पर कछुओं को दौड़ प्रतियोगिता में भाग लेने की चुनौती दी थी मगर भयभीत कछुओं ने इसे स्वीकार नहीं किया था क्योंकि वे जान चुके थे कि हमेशा ऐसा नहीं हो सकता कि कछुए ही खरगोशों से जीतते जाएँ।

कछुए अपना-सा मुँह लेकर चले गए मगर उनका प्रतिनिधि फिर भी खरगोशों से यह कहता हुआ गया कि समय मिले तो आप हमारे प्रस्ताव पर गौर ज़रूर करना, जिसका जवाब खरगोशों ने यह कहकर दिया कि उनके पास हमेशा ही बहुत समय रहता है और वे खाने तथा सोने के अलावा बाकी बचे समय में विभिन्न प्रस्तावों पर विचार करते रहते हैं और हम पहले ही तय कर चुके हैं कि कछुओं के साथ खरगोशों का कोई समझौता नहीं हो सकता क्योंकि खरगोश खरगोश हैं और खरगोश ही रहेंगे जबकि कछुए हमेशा से कछुए थे और कछुए ही रहेंगे, वे कभी खरगोश नहीं बन सकते। एक बार खरगोश से कछुआ जीत गया था इसका मतलब यह नहीं है कि कछुओं को यह भ्रम हो जाए कि वे खरगोशों से बराबरी कर सकते हैं।

फिर भी कछुआ-प्रतिनिधि ने कहा कि आप एक बार फिर से सोच ज़रूर लेना क्योंकि इसमें सभी का हित है और इतना कहकर वह खरामाँखरामाँ चल दिया। पीठ पीछे उसे साफ पता चल रहा था कि खरगोश, कछुओं का मज़ाक बना रहे थे और चाहते थे कि कछुए भी इसे सुन लें मगर कछुओं ने फिलहाल इसे अनसुना करना ठीक समझा था क्योंकि वे ही प्रस्ताव लाए थे।

9

जब पृथ्वी पर जंगल हुआ करते थे, यह तब की बात है। जंगल में एक दिन देखा गया कि एक खरगोश को दौड़ता देखकर एक कछुआ भी दौड़ने की कोशिश करने लगा। कछुआ दौड़ तो क्या पाता मगर उसकी इस हरकत से जंगल के ताकतवर जानवरों का खूब मनोरंजन हुआ।

यह बात आखिर जंगल के राजा शेर तक भी पहुँची तो उसने कछुए को आदेश दिया कि वह उनके सामने भी अपने मनोरंजक करतब दिखाए, उसे इसका इनाम-इकराम मिलेगा।

कछुआ आदेश पाकर डर गया। उसने राजदरबार में आकर खूब दाएँ-बाएँ होने की कोशिश की, यह साबित करने का प्रयत्न किया कि वह उस दिन खरगोश को देखकर दौड़ने की कोशिश नहीं कर रहा था, बल्कि वह तो दरअसल अलाँ और फलाँ कर रहा था, जिसे गलती से दौड़ना समझ लिया गया मगर जंगल का राजा शेर किसी स्पष्टीकरण में विश्वास नहीं करने के लिए मशहूर था, क्योंकि वह मानता था कि वह जो जानता है और मानता है, वही सही होता है।

लिहाजा कछुए को दौड़ने का अभिनय करके दिखाना पड़ा। इस तरह शेर समेत उसके कई दरबारियों के लिए उसने अपनी हँसी उड़वाने का पर्याप्त सामान मुहैया करवाया। वायदे के अनुसार उसे इसका इनाम-इकराम भी खूब मिला।

उस दिन के बाद शेर के दरबार में विशिष्ट अवसरों पर कछुए को खरगोश के मुकाबले दौड़ने के लिए बुलाया जाने लगा। इनाम-इकराम मिलने के कारण कछुए भी खुश होकर वहाँ जाते थे। वे अपना मज़ाक उड़वाकर कमाई करने के अब काफी अभ्यस्त हो चुके थे। गजब यह था कि इसे और भी मनोरंजक तथा अपमानजनक बनाने के लिए एक कछुआ उसकी कमेंट्री भी करने लगा था। इससे कछुओं को इनाम-इकराम और ज़्यादा मिलने लगे थे।

दूसरे कछुओं को यह बुरा तो लगता था मगर मामला राजा का था, इसलिए कौन बोलता और कौन गला कटवाता?

जंगल खत्म हो गए और उसके राजा शेर भी समाप्त हो गए तो कछुओं का यह धन्धा बंद हो गया। इससे लाभान्वित होनेवाले कछुओं को तो इससे ज़रूर निराशा हुई मगर कछुआ जाति ने इससे राहत की साँस ली।

10

एक दिन कछुआ जा रहा था। रास्ते में उसने देखा कि एक खरगोश मज़े से सो रहा है। वह कुछ दूर और गया और वहाँ जाकर उसने घोषणा कर दी कि एक बार फिर से कछुआ, खरगोश से जीत गया है क्योंकि खरगोश को सोने से ही फुर्सत नहीं है। प्रत्यक्ष को प्रमाण की क्या ज़रूरत, आप खुद आइए और देख लीजिए।

लेकिन ज़माना इतना आगे बढ़ चुका था कि इसका किसी ने नोटिस नहीं लिया। खुद उस खरगोश ने भी नहीं, जो कछुए का यह शोर सुनकर जाग तो गया था मगर वह सोने का अभिनय कर रहा था, बल्कि उसने अब ज़ोर-ज़ोर से खर्राटे लेने भी शुरू कर दिए थे।

11

जब से खरगोश, कछुए से हारे हैं, तब से खरगोशों की भी नींद हराम है और कछुओं की भी।

खरगोशों की इसलिए कि नींद के कारण ही उनके पूर्वज की कछुए जैसे सुस्त प्राणी से हार हुई थी और कछुओं की इसलिए कि अगर नींद के आगे लाचार होकर खरगोश, कछुए से हार सकते हैं तो कछुए भी एक दिन अपने से सुस्त तथा कमज़ोर प्राणियों से हार सकते हैं हालाँकि मनुष्य यह मानते हैं कि कछुए से सुस्त और कोई प्राणी धरती पर नहीं हो सकता।

गाय

एक गाय थी। वह खुद तो घास खाती थी मगर मनुष्यों को दूध देती थी। घरवाले उसे 'गाय माता' कहते। वह तमाम माँओं की तरह बेवकूफ़ बन जाती। कम घास खाती तो भी खूब दूध देती।

लेकिन एक दिन ऐसा आना ही था और आ ही गया कि उसने दूध देना बन्द कर दिया। अब उसे घर से बासी रोटियाँ मिलनी बन्द हो गईं। खली दी जाती थी, वह भी बन्द हो गई। कहा जाने लगा कि घास के दामों में आग लग गई है। घास भी कम हो गई।

और एक दिन उसे खूँटे से छोड़ दिया गया। घर के लोगों ने उसे अन्तिम बार 'गाय माता' कहकर प्रणाम करते हुए घर से विदा किया। मगर वह माँ भी माँ कैसी, जो एक बार भगाने पर घर छोड़कर चली जाए! वह बाहर ही खड़ी रहती। कहीं जाती भी तो वहीं फिर लौट आती। घर में घुसने के लिए रँभाने लगती। दरवाज़े से सींग लड़ाने लगती।

मार खा-खाकर उसने अन्ततः घर छोड़ दिया। वह गलियों में कहीं काग़ज़, कहीं केले के छिलके, सड़े हुए अमरूद, गू वगैरह खाकर गुज़ारा करने लगी।

एक कसाई को उस पर दया आ गई। उसे महसूस हुआ कि गाय की ऐसी ज़िन्दगी से तो उसकी मौत ही भली। उसने सोचा कि इसे जिबह कर दें। गाय को भी उस नरक से मुक्ति मिल जाएगी और अपने को भी दो पैसे का फ़ायदा हो जाएगा।

लेकिन गाय जिबह होती तो सैकड़ों लोग भी जिबह हो जाते। यह सोचकर कसाई ने अपना इरादा बदल दिया।

उसने गाय को मुर्गियों, बकरों और सुअरों की आँतें वगैरह खाने की इजाज़त दे दी।

अब गाय वहीं मँडराती रहती क्योंकि न केवल उसका पेट भर रहा था बल्कि तन्दुरुस्ती भी फिर से बन रही थी।

भला हो गाय का कि वह अब फिर से दूध नहीं दे सकती थी वरना माँ-माँ करते लोग फिर से पहुँच जाते। उसे अपने खूँटे से बाँध लेते और उसका दूध पीते।

पैसा खानेवाली गाय

एक गाय ने दूसरी गाय से कहा, 'चल री, आज अपना पैसा खाते हैं।'

दूसरी गाय भी भूखी थी। आस-पास घास कहीं थी नहीं। वह कुछ खाने को उतावली थी। फिर भी बहस कर बैठी, 'क्यों सखी, पैसा क्यों खाएँ? पैसा कोई खाने की चीज़ है?'

पहली गाय का यह प्रस्ताव ज़रूर था मगर वह इतनी भूखी भी नहीं थी कि सवाल सुनकर गुस्सा हो जाए। उसने जीवन में एक ही बात सीखी थी कि एक से दो भले। डंडे खाएँगे तो साथ-साथ और घास खाएँगे तो साथ-साथ। वह भी पैसा खाने का काम था—जिसे मनुष्य जाति गोपनीय ढंग से करती है—मगर गाय जिसे सार्वजनिक ढंग से करना चाहती थी। अतः उसने जवाब दिया, 'आजकल मेरा मालिक पैसा खाने में मशगूल है, ऐसा उसके नौकर कह रहे थे। सखी मैं देखती हूँ कि इस कारण आजकल वह बहुत खुश और बहुत तगड़ा हो रहा है। इसलिए मैंने सोचा, हम भी क्यों न पैसा खाएँ, खुशी से भर जाएँ और तगड़े हो जाएँ। हम कितनी मरियल हैं। है न!'

दूसरी गाय ने इसमें एक पेंच निकाल दिया। उसने कहा, 'तेरा दिमाग खराब हुआ है क्या? हम अपने मालिक की बराबरी करेंगे तो हमें पालेगा कौन? सड़क पर तो इतनी घास मिलती नहीं कि हम अपना पेट भर सकें। तू इन चक्करों में मत पड़। हम सदा से घास खाती आई हैं और सदा घास खाती रहेंगी। इसी में हमारी भलाई है। वे सदा से घास नहीं खाते रहे हैं। वे अब भी घास नहीं खाएँगे। इसी में उनकी भी भलाई है।'

पहली गाय ने फिर धैर्य नहीं खोया, वह बोली, 'अरी पगली मैं यह थोड़े ही कह रही हूँ कि हम अपने मालिक से विद्रोह कर दें या उनकी बराबरी करने लगें। मैं तो सिर्फ इतना कह रही हूँ कि सुबह-सुबह सड़क पर जो अठन्नी-चवन्नी या रुपया-दस रुपया पड़ा दीख जाता है लेकिन हम उसे अपने

लिए फालतू समझ उसकी तरफ देखती भी नहीं हैं, अब हम वह भी खाएँगी। तू देखना कि हम फिर कितनी खुश रहेंगी और कितनी तगड़ी हो जाएँगी। इससे मालिक का भी भला होगा, उसे ज़्यादा दूध मिलेगा और वह उसमें ज़्यादा पानी मिला सकेगा।'

दूसरी गाय को अब गुस्सा आ गया। उसने कहा, 'तू भी कैसी मूर्ख है री! सड़क पर पड़े ऐसे सिक्कों का वज़न कितना होता है कि हम उन्हें खाकर तगड़ी हो जाएँ! कभी पाँच ग्राम, कभी दस ग्राम। हरी घास के कुछ तिनकों के बराबर। इतने से पैसे खाकर भला कोई खुश और कैसे तगड़ा हो सकता है?'

पहली गाय ने हार मान ली, 'यह तो है।' यह सुनकर दूसरी गाय का हौसला बढ़ गया। उसने पूछा, 'तूने देखा है, अपने मालिक को पैसे खाते?'

पहली गाय ने जवाब दिया, 'मैं कैसे देख सकती हूँ। मैं तो खूँटे से बँधी रहती हूँ। मेरे हिस्से में बासी रोटी, दाल-चावल आते हैं। मेरे लिए वे कभी पैसे की जूठन लेकर आए नहीं।'

'तो फिर? मूर्खा, सुनी-सुनाई बातों पर विश्वास करती है? कुछ तो सोच कर कि तू भारतीय नागरिक न सही, मगर भारतीय गाय तो है। देश के प्रति भी तेरा दायित्व है।'

पहली गाय ने इसके जवाब में कहा, 'मगर मालिक के नौकर कह रहे थे, यह बात—एक-दूसरे के कान में।'

'कहते होंगे,' दूसरी गाय ने तमककर जवाब दिया, 'कान में कह रहे थे यानी यह कोई बुरी बात है।' फिर उसने कुछ रुककर पूछा, 'क्या वे यह भी कह रहे थे कि अब से हम भी पैसे खाएँगे?'

'नहीं, ऐसा तो वे नहीं कह रहे थे।'

'क्या वे यह कह रहे थे कि मालकिन और उनके बच्चे भी आजकल खूब पैसे खा रहे हैं?'

'नहीं, ऐसा भी नहीं कह रहे थे। लेकिन मालकिन भी आजकल खुश रहती हैं और खूब तगड़ी हो रही हैं।' पहली ने जवाब दिया।

'भैंस जैसी?' दूसरी गाय ने उत्सुकता और ईर्ष्या से आगे पूछा।

'बिलकुल ठीक वैसी हालाँकि उनका रंग एकदम गोरा है।' पहली गाय ने जवाब दिया।

'मालिक ज़्यादा मोटे हो रहे हैं या मालकिन?'

'मालकिन।'

‘तब तो यह साबित हुआ कि पैसे खाने से ज़्यादा अच्छा घास खाना ही है।’ दूसरी गाय ने अपना निष्कर्ष किया।

पहली गाय इस निष्कर्ष से चौंक गई, उसने पूछा, ‘क्यों?’

‘इसलिए कि मालकिन भैंस जैसी तगड़ी हो रही हैं और भैंस खाती हैं घास। इसलिए हो सकता है कि मालिक पैसे खा रहे हों और मालकिन घास। आओ, हम भी अपने लिए घास का इंतज़ाम करने चलें। सूरज आसमान में चढ़ रहा है।’

मन्त्री की गाय

मन्त्री की गाय थी। एक क्विंटल घास खाती थी, एक लीटर दूध देती थी।

जब निचले स्तर पर गाय से अधिक दूध प्राप्त करने के समस्त प्रयास असफल हो गए तो शिकायत मन्त्री तक गई।

मन्त्री ने कहा–"ससुर हमारी बराबरी करने का प्रयास कर रही है। इसे फ़ौरन ब्राह्मण को दान दे दो। फिर वह इसे कसाई को बेच देगा।"

जोशीजी

जोशीजी के क्या कहने! वे शेर थे शेर! सारे जंगल के जानवर उनका नाम सुनकर थर्राते थे।

लेकिन सारे शेरों की तरह जोशीजी की दिक्कत यह थी कि उन्हें मनुष्य नामक उस प्रजाति का पता नहीं था, जिसने शेरों को मार डालने, उन्हें भूखा मारने, उन्हें सरकस में नचाने के लिए तमाम तरह के आविष्कार कर रखे थे। अकल भिड़ा रखी थी। बन्दूक बना रखी थी। उन्हें पता नहीं था कि निशानेबाज के हाथों में बन्दूक शेर से ज़्यादा ताकतवर बन जाती है। और इसलिए शेर नहीं, बन्दूक जंगल की राजा है और शेर उसका पहला शिकार।

लेकिन जोशीजी चूँकि शेर थे और शेर चूँकि सैकड़ों सालों से जंगल का राजा रहा है और चूँकि राजा होने के कारण अनेक कहानियों का नायक रहा है इसलिए जोशीजी के लिए यह समझना कठिन था कि अब वे नहीं, बन्दूक जंगल की राजा है।

और चूँकि शेर सैकड़ों, हज़ारों बल्कि लाखों वर्षों से जंगल के राजा रहते आए हैं, इसलिए जोशीजी के लिए यह विश्वास करना कठिन था कि अब वे जंगल राजा नहीं रहेंगे। ठेकेदार जंगल के पेड़ों को काटने के लिए परमिट ले आए थे।

जोशीजी चूँकि शेर होने के अलावा जोशीजी भी थे इसलिए उनकी कठिनाई दुगुनी थी। वे जोशीजी यानी शेर थे और शेर यानी जोशीजी थे। शेर के रूप में उन्हें कोई बात समझ में आ जाती तो उनमें बसा जोशीजी नामक प्राणी अड़ जाता था और जोशीजी की तरह कोई बात उन्हें समझ में आ जाती थी तो उनका शेर दहाड़ने लगता था। मामला जटिल था।

समस्या किसी भी तरह नहीं सुलझी तो उन्हें बंद करने के लिए पिंजड़ा लाया गया। उसमें उन्हें बंद कर दिया गया मगर चमत्कार! पिंजड़े में जाते ही जोशीजी

सिर्फ़ जोशीजी रह गए। शेर नहीं रहे। किसी को विश्वास नहीं हो रहा था कि ये वही जोशीजी हैं। वे इतने निरीह लगते थे कि केवल जोशीजी लगते थे।

इसलिए उन्हें पिंजरे में बंद करनेवालों की काफ़ी आलोचना होने लगी। मजबूरन जोशीजी को छोड़ना पड़ा।

लेकिन पिंजरे से बाहर आने की देर थी कि जोशीजी शेर हो गए। इतने ज़ालिम कि जोशीजी नहीं रहे। जिसे चाहें, चींथ खाएँ। जहाँ चाहें, चले जाएँ। पिंजड़े को देख हँसने लग जाएँ। फिर लात मारते हुए गिरा दें और पूँछ फटकारते हुए शान से अपनी गुफा में चले जाएँ।

कोई उनसे कहे कि जोशीजी आप निखालिस शेर नहीं हैं, आदमी हैं, आदमी की तरह रहिए। तो जोशीजी शेर की तरह पूँछ फटकारकर चल दें। कई बार इतनी ज़ोर से दहाड़ें कि सामनेवाले की पैंट गीली हो जाए।

कुछ समय बाद यह स्थिति आ गई कि जोशीजी ने अपने प्रिय दाल-चावल खाना भी छोड़ दिए। दही का नाम भूल गए। जूते पहनना छोड़ दिए। नंगे पैर रहने लगे। उनकी पैंट-शर्ट खूँटी पर टँगी रहती। उन्होंने दाढ़ी बनाना, कटिंग करवाना छोड़ दिया। वे हाथ-पैरों के बल चलने लगे। उन्होंने बोलना छोड़ दिया। सिर्फ दहाड़ने लगे।

वे तो मान रहे थे कि वे विशुद्ध शेर बन गए हैं। अब आएगा असली मज़ा मगर मज़ा लोगों को आ रहा था। उनकी दहाड़ सुनकर लोग उन्हें पागल समझने लगे। बच्चे उन पर हँसने लगे। वे दहाड़कर जोशीजी का मज़ाक बनाने लगे।

जोशीजी को यह माजरा समझ में नहीं आ रहा था। उन्होंने अपनी शक्ल आईने में देखी। सब दुरुस्त था। दाँत पैने थे। आँखों में क्रोध था। पंजे मज़बूत थे। चलने में अकड़ थी हालाँकि शरीर पर कपड़े नहीं थे लेकिन यह तो उन्हें मालूम ही था क्योंकि शेर का कपड़ों से क्या लेना-देना?

सबकुछ ठीक जानकर वे दहाड़ते हुए एक ऐसे घर में घुस गए, जिसके सारे दरवाज़े खुले थे। हाथ-पैरों के बल नंग-धड़ंग जोशीजी को आता देख, घर की औरतें डर गईं। बच्चे भयभीत हो गए। अन्दर की तरफ़ उस घर के मर्द ताश खेल रहे थे। उन्होंने आव देखा न ताव, बन्दूक थी ही, गोली चला दी। वही हुआ जो हो सकता था, हालाँकि जोशीजी शरीर का पूरा ज़ोर लगाकर भागे थे।

गाँव और उससे प्रेम

वे पिछले चार दशक से दिल्ली में रहते थे और जब भी जाते थे, वाशिंगटन, न्यूयार्क, मास्को, पेरिस या लन्दन ही जाते थे। कभी-कभी कृपापूर्वक काठमांडू या ढाका भी चले जाते थे ताकि दक्षिण एशिया की पूर्ण उपेक्षा का दोष भी उन पर न लगे। वे एक बार जाम्बिया भी जा चुके थे, लेकिन उन्हें भारत के गाँवों के बारे में बातें करने का बहुत शौक था। गाँव शब्द सुनते ही स्वर्गिक आनन्द में डूबकर वे आँखें मींच लेते थे और पाँच मिनट बाद आँखें खोलकर कहते, 'आपने क्या शब्द कहा—गाँव! अहा, कितना सुन्दर शब्द कहा, कितना प्यारा, एकदम से राजदुलारा। एक बार फिर से कहिए तो! अहा, वाह-वाह दिल खुश कर दिया आपने!'

लेकिन उनकी सबसे बड़ी विशेषता यह थी कि वे गाँव कभी नहीं गए थे।

एक दिन उनके इस अतीव ग्राम-प्रेम से विगलित होकर कुछ युवक उनके पास आए और उनसे कहा कि सर, आप हमारे गाँव चलिए। कच्ची सड़क से दस किलोमीटर पैदल चलने के बाद वहाँ पहुँच सकते हैं। आप चलेंगे तो आपको भारतीय गाँवों की वास्तविक स्थिति का पता चलेगा। आपका गाँव बहुत रोमांटिक होता है सर। बिलकुल लगता है कि आप मनोज कुमार की फिल्म का भाषिक अनुवाद कर रहे हैं, इसलिए चलिए सर, हमारे गाँव।

उन्होंने विनम्रतापूर्वक कहा कि बन्धु एक तो मैं सिद्धान्ततः हिन्दी नहीं बोलता, क्योंकि मैं उससे प्रेम करता हूँ और जिससे आप वास्तव में प्रेम करते हैं, उसका आप न इस्तेमाल करते हैं न किसी को करने देते हैं। मेरा दूसरा सिद्धान्त यह है कि मैं गाँव नहीं जाता। जैसे मैक्समूलर भारत आए बिना भारत से प्रेम करता था, वैसे ही मैं भी गाँव गए बिना गाँव से प्रेम करता हूँ, करना चाहता हूँ। मुझे आप गाँव से प्रेम करने दीजिए, मैक्समूलर बनने दीजिए और आप गाँव जाइए, वहाँ चाहें तो जिन्दगी भर रहिए और जो करना हो करिए, मगर मुझे बख्शिए। अच्छा नमस्ते।

लेकिन उनके नमस्ते करने के बाद भी वे ढीठ युवक नहीं माने और ज़िद करने लगे कि सर, गाँव तो आपको एक बार चलना ही पड़ेगा। हम आपका अपहरण करके ले जाएँगे, मगर ले ज़रूर जाएँगे।

उन्होंने कहा कि देखो ऐसा बिलकुल मत करना। मेरे पास ए.के.-47 है, मैं तुम्हें शूट कर दूँगा। फिर भी वे युवक नहीं माने। उन युवकों ने कहा कि तब हमारी लाश आपको गाँव ले जाएगी मगर गाँव तो आपको किसी भी हालत में जाना ही पड़ेगा, सर अब।

उन्होंने कहा कि तुम लोग ज़्यादा ज़िद करोगे तो मुझे हार्ट अटैक हो जाएगा। मैं मर जाऊँगा। उन्होंने कहा कि तब हम आपकी लाश को गाँव ले जाएँगे मगर गाँव ज़रूर ले जाएँगे। हम न आपको, न आपकी लाश को, न आपके भूत को छोड़ेंगे। गाँव तो ले ही जाएँगे।

और यही हुआ भी, वे युवक अन्ततः उनकी लाश को गाँव ले गए और लाश, गाँव को देखते ही काली पड़ गई!

•

सौन्दर्य प्रेम

एक राजा को फूलों से बेहद प्रेम था। वह अपनी प्रजा के बारे में कम, फूलों के बारे में ज़्यादा सोचता था। वह फूलों को प्यार करनेवालों को जागीरें दे देता था और फूलों को किसी भी तरह का नुकसान पहुँचानेवालों की गरदनें उड़वा देता था।

उसके ज़माने में फूलों को उगाना सबसे बड़ा पुण्य कर्म था और फूलों को तोड़ना सबसे बड़ा पाप कर्म!

उस ज़माने में राजा को खुश करने का एक ही तरीका था—फूलों की खेती करना। खुश होकर राजा इतने बड़े इनाम देता था कि खुशामदी लोग उस इनाम से और ज़मीन खरीदते थे और उस पर तरह-तरह के फूल उगाते थे। राजा खुश होता तथा और भी बड़े इनाम देता था। वे और फूल उगाते तथा और भी बड़े इनाम पाते।

अगर कोई औरत बालों में फूल लगा लेती तो उसके हाथ काट डाले जाते। अगर कोई पुरुष अपनी अचकन में फूल लगा लेता तो उसे सड़कों पर नंगा घुमाकर सूली पर चढ़ा दिया जाता। अगर कोई फूलों की माला पहन लेता तो उसे फाँसी लगा दी जाती। फूलों को मन्दिर में चढ़ाने और उनसे इत्र बनाने पर भी प्रतिबंध था। फूलों के हर तरह के उपयोग की मनाही थी। फूल अपने आप खिलें और मुरझाएँ, यह राज्य का नीति-निर्देशक सिद्धान्त था।

लिहाज़ा राज्य सुगन्ध से खूब भरा रहता। नालियों और कूड़े के ढेर की बदबू पर भी सुगन्ध हावी रहती। जहाँ-जहाँ राजा जाता, वहाँ-वहाँ सुगन्ध होती। जहाँ-जहाँ प्रजा जाती, वहाँ-वहाँ सुगन्ध होती। गाँवों में सुगन्ध होती, कस्बों में सुगन्ध होती, शहरों में सुगन्ध होती। झोंपड़ियाँ और महल एकसाथ खुशबू से महकते रहते। जिधर भी जाओ, उधर रंग ही रंग, सुगन्ध ही सुगन्ध होती।

फूलों का ऐसा संरक्षक न पहले कभी हुआ था, न बाद में होने की उम्मीद किसी को थी।

जो चारण थे, वे राजा की विरुदावली गाते थे। जो विरुदावली नहीं गा सकते थे, वे फूल उगाते थे।

राजा अपनी इस सफलता से इतना प्रसन्न था कि अगर किसी की आँखों में क्रोध के लाल डोरे तिरते दिखते तो वह इसे भी फूलों की छाया बताता। अगर किसी की आँखें पीली दिखतीं तो भी वह मानता था कि यह फूलों का प्रभाव है।

सारे राज्य में फूलों की इतनी खेती होने लगी कि खेत, फूलों के कारखानों में बदल गए। अनाज, कपास और गन्ना खेतों में होना बंद हो गया।

लाखों लोग भूख से मरने लगे। करोड़ों खुशबू से पागल होने लगे।

राज्य में इतनी खूबसूरती और इतनी खुशबू थी कि बाहरी आदमी सोच भी नहीं सकता था कि फूलों ने लोगों को बर्बाद कर दिया है।

लोगों को जब खाने को कुछ नहीं मिला तो लोग फूलों को खाने लगे। राजा किसको दंड दे, किसको सज़ा दे! जिनको दंड देने का हक़ हासिल था, वे खुद फूल खाने को मज़बूर थे।

राजा इस दृश्य को देखकर पागल हो गया। उसे लगा कि सब लोग सौन्दर्य के दुश्मन हैं। जो सौन्दर्य के दुश्मन हैं, वे सब मेरे दुश्मन हैं। वे फूलों को नहीं, मुझे खा रहे हैं।

वह महल छोड़कर जंगल में भाग गया, जहाँ इतने ज़्यादा फूल और इतनी खुशबू थी कि वह साँस लेते-लेते मर गया।

रोना-हँसना

उसका काम उन लोगों को हँसाना था, जो अपने आप पर और किसी के साथ मिलकर हँस नहीं सकते थे। लेकिन पिछले दिनों से लगातार कुछ ऐसा हो रहा था कि जिनको वह हँसाता था, वे खुद हँस रहे थे और इतना ज़्यादा हँस रहे थे कि जब उनका हँसना बंद हुआ तो उन्हें चिन्ता हुई कि इतने हँसने का उनके स्वास्थ्य पर कहीं कोई बुरा प्रभाव न पड़ गया हो, इसलिए रोकर क्यों न स्वास्थ्य को कुछ सन्तुलित किया जाए।

तो रुलानेवाले की तलाश होने लगी।

बड़े-बड़े विज्ञापन बड़े-बड़े अखबारों में छपवाए गए, टी.वी. पर दिखाए गए, मगर कोई माई का लाल सामने नहीं आया, जबकि वे रोने के लिए तरस और तड़प रहे थे। कोई इंतज़ाम न होता देखकर एक ज़माने में रुलाने के लिए प्रसिद्ध रह चुकीं फ़िल्में और नाटक उन्हें दिखाए गए मगर वे नहीं रोए, बल्कि यह भविष्यवाणी करके हँसने लगे कि देखो अब ये कलाकार रुलाएगा। उसने ये रुलाया, ये रुलाया इसने और यह कहकर वे बेतहाशा हँसने लगते।

अन्ततः उनमें से एक की निगाह उस पर गई। उससे कहा कि भई तुम इतना ज़ोरदार हँसाते हो कि साँस थम जाती है तो तुम हमें रुला क्यों नहीं सकते? हँसने की तरह रुलाना भी एक कला है और तुम एक ज़बर्दस्त कलाकार हो तो हमें रुलाओ। उसने बहुतेरा कहा कि मैं इतना बड़ा कलाकार नहीं हूँ कि आपको रुला सकूँ मगर वे नहीं माने क्योंकि वे रोने के लिए तड़प रहे थे और कोई उन्हें रुलानेवाला नहीं मिल रहा था। उन्होंने कहा कि हमें रुलाना तुम्हारी सामाजिक ज़िम्मेदारी है और कुछ भी हो, तुम्हें हम सबको रुलाना ही पड़ेगा।

उसे यह सोचने का मौका भी नहीं दिया गया कि वह उन्हें कैसे रुलाएगा। उसे तुरन्त ही मंच पर खड़ा कर दिया गया। दर्शक उसकी ओर टकटकी लगाकर देखने लगे।

वह अन्दर तो ज़रूर रो रहा था मगर उसकी मज़बूरी यह थी कि उसे दूसरों को तो सिर्फ़ हँसाना ही आता था।

वह अन्दर से रो रहा था इसलिए दूसरों को हँसाना और रुलाना भूलकर वह खुद हँसने लगा।

कुछ देर तो दर्शकों ने यह सोचकर इंतज़ार किया कि शायद यह भी रुलाने का ही कोई तरीका होगा मगर जब वह उसी तरह हँसता रहा तो किसी को रोना नहीं आया और उन्हें ऐसा लगने लगा कि जिस आदमी को उन्होंने पैसा देकर रुलाने के लिए बुलाया है, वह उनके पैसों का दुरुपयोग करके खुद हँसता जा रहा है।

उनमें से ज़्यादातर ने कहा : 'यह तो हमारा और हमारे पैसे का अपमान है, हमारा शोषण है। कोई किसी को इसलिए तो पैसे नहीं देता कि वह अपनी मर्ज़ी से हँसे और दूसरों को चिढ़ाए।'

उनमें से कई दर्शकों को अपने से 'छोटे आदमी' के द्वारा अपना 'अपमान' करवाने की आदत नहीं थी। उनमें से एक ने वहीं अपनी सीट पर से उस पर पिस्तौल से गोली चला दी। निशाना बिलकुल ठीक लगा मगर वह खुद हँसने में इतना मस्त था कि उसे गोली लगने का पता नहीं चला। उसे दूसरी गोली मारी गई। फिर भी वह हँसता रहा। उसे तीसरी गोली मारी गई और वह हँसता ही रहा।

उसका पूरा शरीर छेद दिया गया और फिर भी वह हँसता रहा तो वे रोने लगे और वह मरने लगा।

पूर्ण भारतीय नागरिक

उसे भारतीय संविधान में प्रदत्त प्रत्येक अधिकार प्राप्त था मगर उसकी ट्रेजेडी ऐसी नीच थी कि वह सुबह से शाम तक मज़दूरी करके इतना ज़्यादा थक जाता था कि उसने कभी अपने किसी अधिकार का उपयोग नहीं किया था।

उसने एक दिन तय किया कि वह आज अपने एक न एक अधिकार का उपयोग करके रहेगा।

उस दिन वह मज़दूरी करने नहीं गया मगर जब उसके अधिकारों के उपयोग का सवाल आया तो उसे मालूम नहीं था कि उसे क्या अधिकार प्राप्त हैं।

उसने सोचा कि संविधान में रोने का अधिकार भी ज़रूर शामिल होगा, इसलिए आज फुर्सत में खूब जमकर रो लें।

वह, जिसके पास रोने के तमाम कारण थे, जब संकल्प करके रोने लगा तो उसने पाया कि इस तरह तो रोना भी मुश्किल है।

फिर उसने सोचा कि चलो हँस ही लें हालाँकि उसके पास हँसने का एक भी कारण नहीं था।

वह नकली रो नहीं सकता था मगर नकली हँस सकता था, इसलिए वह एक चौड़े और खुले मैदान में आया—जो तब कहीं-कहीं और कभी-कभी होते थे—और हँसने लगा। वह तब तक हँसता रहा, जब तक कि उसे पूरा विश्वास नहीं हो गया कि वह हँसने के संविधानप्रदत्त अधिकार का पूरा-पूरा उपयोग कर चुका है।

और अब अपने घर लौट रहा था—भूखा और प्यासा—और मन-ही-मन मुस्कुराता कि आज भूखा भले ही रहना पड़ा हो मगर उसने अपने संविधानप्रदत्त अधिकार का पूरा-पूरा उपयोग कर लिया है और अब वह पूर्ण भारतीय नागरिक है।

फाइल और कीड़े

उन्हें फाइलें चलाने का बहुत शौक था। जब तक फाइल का वज़न उनके वज़न से ज़्यादा नहीं हो जाता था, वे फाइल चलाते ही रहते थे।

एक दिन दफ्तर में एक कीड़े ने उन्हें काट लिया। उन्होंने कीड़े का तो कुछ नहीं बिगाड़ा मगर उसके बारे में एक फाइल चला दी। वह फाइल चलती रही, कीड़े की तीस-चालीस पीढ़ियाँ इस बीच निबट गईं। धीरे-धीरे उस फाइल ने स्वयं एक कीड़े का रूप धारण कर लिया और उन्हें ऐसा काटा कि वे फाइल चलाना भूलकर उस कीड़े को मारने दौड़े, मगर वह कीड़ा तो अजर-अमर था!

इश्क का मारा

एक युवक इश्क करने पर आमादा रहता था। कुछ कारण रहे होंगे कि उसका इश्क किसी युवती से नहीं हो सका मगर उसे इश्क तो करना ही था। उसने ग़रीबों से कर लिया।

इश्क तो एक नशा होता है महाशय! चढ़ता है तो उतरता भी है। एक दिन उसका नशा उतर गया।

क्या होता है इश्क के मारे का?

वह फिर नौकरी-धन्धा ढूँढ़ने लगता है। फिर उसकी शादी हो जाती है। फिर स्कूटर आता है। फिर टी.वी. आता है। फिर फ्रिज़ आता है। बच्चे हो जाते हैं। फिर पदोन्नति हो जाती है। फिर बीमारियाँ हो जाती हैं। फिर मौत हो जाती है।

महाशय, मैं अभी-अभी उसके अन्तिम संस्कार से होकर आ रहा हूँ। मैं किसी की हँसी नहीं उड़ा रहा, अपनी भी नहीं।

खूनी कार

एक कार थी।

उसकी खूबी यह थी कि वह पेट्रोल की बजाय आदमी के ताज़े खून से चलती थी और हवाई जहाज़ की गति से चलती थी। जहाँ चाहो, वहाँ पहुँचाती थी।

मगर सवाल यह था कि उसके लिए रोज़-रोज़ आदमी का खून कहाँ से लाया जाए?

एक ही तरीका था कि रोज़ एक आदमी को दुर्घटना में मारा जाए और उसके बहते खून से कार की टंकी भरी जाए।

मैंने सरकार को अपनी कार की विशेषताएँ बताते हुए एक प्रार्थनापत्र दिया और निवेदन किया कि मुझे प्रतिदिन सड़क दुर्घटना में एक आदमी को मारने की अनुमति दी जाए।

सरकार की ओर से पत्र प्राप्त हुआ कि उसे मेरी प्रार्थना इस शर्त के साथ स्वीकार है कि यह कार अगर कोई विदेशी सहयोग से बनाए तो उसे आपत्ति नहीं होगी।

इलाज

एक माँ अपने छह साल के बच्चे को लेकर डॉक्टर के पास गई।

उसने डॉक्टर से कहा—'मेरा बच्चा वैसे तो स्वस्थ-प्रसन्न रहता है। खूब दूध पीता है, डटकर खाना खाता है, छककर मिठाई खाता है, मुट्ठी भर-भरकर मेवे खाता है, जी भर खेलता है, मेहनत से पढ़ता है, रंग ला दो तो ढेरों पेंटिंग बनाकर रख देता है, सुरीला गाना गाता है, खूब खुश रहता है लेकिन एक समस्या है। यह पेप्सी नहीं पीता, नेस्ले की चॉकलेट नहीं खाता, होस्टेस की पोटेटो चिप्स नहीं खाता, लिओ के खिलौनों से नहीं खेलता, मैगी के नूडल्स नहीं खाता, डॉलप्स की आइसक्रीम नहीं खाता। पता नहीं, इसे क्या बीमारी है? मैं बहुत परेशान हूँ डॉक्टर साहब!'

डॉक्टर साहब चक्कर में! ऐसा केस पहले कभी नहीं आया था। उन्होंने बच्चे का सीना, पेट, पीठ, दाँत, मुँह, नब्ज़, आँख, नाखून देख लिए। टट्टी-पेशाब का रंग पूछ लिया। दिन में कितनी बार जाता है, यह पता कर लिया। एक्सरे ले लिया। सब ठीक था लेकिन आसामी बड़ा था। डॉक्टर मरीज़ को यों हाथ से जाने नहीं दे सकता था।

वह सोचता रहा, सोचता रहा। अचानक उसे सूझा। उसने पूछा—"यह टी.वी. देखता है क्या?"

माँ ने कहा—"हाँ, डॉक्टर साहब, मैं हड़बड़ी में यह बताना ही भूल गई कि यह टी.वी. नहीं देखता। इस बात से तो मैं सबसे ज़्यादा परेशान हूँ।"

डॉक्टर ने जवाब दिया, "चिन्ता मत कीजिए। मैं इसे टी.वी. देखने का सात दिन का कोर्स देता हूँ। आपको तीसरे दिन से बच्चे की हालत में सुधार नज़र आएगा।"

चोर और कोतवाल

एक बड़ा चोर था। अपनी पेशेवर ज़िम्मेदारियाँ पूरी करने वह घर से निकला था। अचानक चारों तरफ़ से उसे पुलिस ने घेर लिया।

चोर पहले तो घबराया। फिर उसने देखा कि कोतवाल उसे सैल्यूट कर रहा है तो उसका विश्वास लौटा। चोर ने कोतवाल को डाँटते हुए कहा—"क्यों कोतवाल साहब, हमारी हैसियत तुम्हें नहीं मालूम। हमें गिरफ़्तार करोगे, इतनी हिम्मत बढ़ गई है तुम्हारी?"

कोतवाल ने सैल्यूट करते-करते ही कहा—"सर, आपको गलतफ़हमी हो गई है। गृहमन्त्री का आदेश है कि आपकी जान को ख़तरा है, सो फ़ौरन आपकी ज़ैड सैक्यूरिटी का इन्तज़ाम होना चाहिए। हुज़ूर, हम तो आपकी सेवा में आए हैं।"

चोर ने पूछा—"मगर ससुर, तुम साथ रहोगे तो हम चोरी कैसे करेंगे?"

कोतवाल ने जवाब दिया—"सर, हम अपना काम करेंगे, आप अपना काम करते रहिए, हम आपको सुरक्षा देंगे, आप चोरी करते रहिए।"

कुछ जीवन

1

श्री पी.के. लाल जब दौरे पर जाने लगे तो उनकी पत्नी ने एक डिब्बे में आलू की सूखी सब्ज़ी और पूड़ियाँ बनाकर रख दीं ताकि ट्रेन में वह आराम से खा सकें। इससे वह बाज़ार का सड़ा-गला खाने से भी बचेंगे और पैसे भी ख़र्च नहीं होंगे।

श्री लाल जब अपने गंतव्य पर पहुँचे तो पूड़ी तथा सब्ज़ी दोनों बच गए। कारण यह था कि श्री लाल के डिब्बे में श्री सी.डी. कंवलानी अपने परिवारसहित यात्रा कर रहे थे। श्री कंवलानी के परिवार के लोग एक-दूसरे से इतने आज़िज़ आ चुके थे कि बातें करने के बजाय खाना शुरू कर देते थे।

श्री लाल ने अपने चालीस साल के जीवन में कभी ऐसा दृश्य नहीं देखा था। उन्हें बार-बार लगता था कि उन्हें कै हो जाएगी। वे कै तो नहीं कर पाए मगर उकबाइयों से इतने परेशान हो गए कि दिल्ली के बजाय, ग्वालियर ही उतर गए।

2

सोना और मोना सगी बहनें थीं। श्रीमती सोना के यहाँ श्री लक्ष्मण का आना-जाना था। श्रीमती सोना ने श्री लक्ष्मण से सुश्री मोना के साथ विवाह का प्रस्ताव किया। श्री लक्ष्मण मान गए तो सुश्री मोना, श्रीमती मोना बन गईं।

इस तरह दोनों बहनों की ससुराल एक ही शहर में होने से सुख से जीवन व्यतीत होने लगा।

श्रीमती सोना चूँकि बड़ी और निःसन्तान थीं, इसलिए वह श्रीमती मोना पर बहुत मेहरबान रहा करती थीं। वह अक्सर श्रीमती मोना और श्री मोना को अपने

घर खाने पर बुलातीं। श्री और श्रीमती मोना खुशी-खुशी श्रीमती सोना के यहाँ जाते। वह श्री और श्रीमती मोना को समय-समय पर उपहारों से लाद देतीं।

एक दिन अचानक श्रीमती सोना ने श्रीमती मोना के घर जाने का कार्यक्रम बनाया। संयोग कि श्रीमती सोना को श्रीमती मोना के घर ताला लटका हुआ मिला। इससे श्रीमती सोना ने अपमानित महसूस किया। वे कल्पना भी नहीं कर सकती थीं कि उनकी बहन किसी और से मिलने-जुलने जा सकती है, वह भी तब, जबकि वह मिलने आ रही है!

अगले दिन जब श्रीमती मोना, श्रीमती सोना से मिलने गईं तो उन्हें यह बात पता चली। श्रीमती मोना को बहुत दुख हुआ कि उनकी बड़ी बहन पहली बार उनके घर आईं और संयोग से ताला बन्द मिला। श्रीमती मोना ने इस पर बहुत अफ़सोस ज़ाहिर किया लेकिन श्रीमती सोना कुछ भी समझने को तैयार नहीं हुईं।

परिणामस्वरूप श्रीमती सोना को अगले ही दिन दिल का दौरा पड़ गया। उन्हें अस्पताल ले जाया गया।

श्रीमती मोना, श्रीमती सोना को देखने जातीं तो श्रीमती सोना का पारा चढ़ जाता। उनके दिल की धड़कनें बन्द होने लगतीं। श्रीमती मोना नहीं जातीं तो श्रीमती सोना के दिल की धड़कनें तेज़ हो जातीं।

श्रीमती मोना अब अक्सर रोती रहती हैं। श्रीमती मोना और श्री सोना परेशान हैं। दोनों पहले मित्र थे। अब दोनों भाई हो गए हैं।

3

श्री क, श्री ख के पड़ोसी हैं। दोनों हिन्दीभाषी हैं। दोनों उत्तर प्रदेश के हैं। दोनों की जाति एक है। दोनों विवाहित हैं।

दोनों में बस 300 रुपए की तनख़्वाह का फ़र्क़ है।

श्री क ने श्री ख को अपना पड़ोसी बनाते समय सोचा था कि श्री ख अच्छे पड़ोसी साबित होंगे। श्री ख की भी अपने बारे में यही राय थी कि वे अच्छे पड़ोसी साबित होंगे। इसलिए वे दोनों पड़ोसी बन गए।

अब दोनों का एक-दूसरे से मोहभंग हो चुका है।

अब वे एक-दूसरे को बेईमान, अवसरवादी, घटिया, स्वार्थी और दम्भी कहते हैं। दोनों का दोनों के बारे में सुनिश्चित मत है कि वे किसी के नहीं हो सकते।

श्री क ने यह साबित करने के लिए कि वे श्री ख से अधिक हैसियत रखते हैं, समाज-सेवा स्वीकार कर ली है। उनका नाम अख़बार में महीने में कम से कम दस दिन अवश्य छपता है। वे खुश हैं।

इसके जवाब में श्री ख ने कार ख़रीद ली है। वे बार-बार कार स्टार्ट करते हैं और श्री क के दिल की धड़कनें बढ़ाते रहते हैं।

4

श्री ध बहुत बोलते थे। वह श्री प को कई बार अपना इतिहास-भूगोल, गणित, समाजशास्त्र, शरीरविज्ञान सब बता चुके थे। श्री प, श्री ध के बारे में इतना कुछ जान चुके थे जितना कि श्री ध स्वयं अपने बारे में जानते थे।

श्री प को शक होने लगा था कि वे श्री ध हैं या श्री प, जबकि श्री ध इस संकट से सर्वथा मुक्त थे।

जीवनगाथा

मैं बहुत खाता था।

बहुत खाने से बहुत-से रोग हो जाते हैं इसलिए सुबह और शाम दौड़ा करता था।

बहुत दौड़ने से बहुत थक जाता था इसलिए बहुत सोता था।

बहुत सोने से स्वास्थ्य बहुत अच्छा रहता है इसलिए बहुत खाता था।

और इस सबमें बहुत वक़्त चला जाता था इसलिए कमाने का काम मैं अपने मज़दूरों और क्लर्कों पर छोड़ दिया करता था।

और इस तरह एक दिन मैं मर गया। मुझे पता ही नहीं चला कि मैं कब मरा?

चोर और सीनाज़ोर

एक चोर था और दूसरा सीनाज़ोर था।

चोर बिचारा कई-कई दिन घात लगाता, तब मौक़ा देखकर चोरी करने घर में घुसता। हरदम घबराया रहता कि कहीं पकड़ा न जाऊँ। पाँच में से कम से कम दो बार तो वह धर ही लिया जाता था।

वह थाने में खूब मार खाता। माँ-बहन की गालियों का प्रसाद पेटभर पाता। फिर भी मंज़ूर नहीं करता कि उसने चोरी की है। बरसों उस पर मुकदमा चलता। अपने अपराध से ज़्यादा बड़ी सज़ा वह जेल में भुगतकर बाहर आता। फिर चोरी करता। फिर जेल जाता।

उसके बीवी-बच्चे बाहर और वह जेल में भूखा मरता। आख़िर वह चोर जो था!

सीनाज़ोर के सामने ऐसी कोई समस्या नहीं थी। वह चोरी के इरादे से पिछवाड़े से घरों में नहीं घुसता। ताले नहीं तोड़ता। सामान बटोरकर नहीं भागता। वह बाकायदा घर की साँकल खटखटाता या घंटी बजाता। सूटेड-बूटेड होता इसलिए उसे ससम्मान कुर्सी या सोफ़े पर बैठाया जाता। वह एक अत्यन्त सज्जन और सम्मानित आदमी की तरह पेश आता। वह अपने मेज़बानों को प्रभावित करता। उन्हें गद्‌गद कर देता। उनसे माल बटोरता। मुस्कुराता। विदा लेता। फिर से आने का वायदा करता और कभी नहीं आता।

दो-चार लोग उसके ख़िलाफ़ हल्ला मचाते। पुलिस शान्ति-व्यवस्था दुरुस्त रखने का अपना मौलिक और एकमात्र कर्तव्य निबाहते हुए उनकी डंडों से ठुकाई कर देती। ज़्यादा ज़िद करते तो उन्हें जेल में बन्द कर देती।

तब सीनाज़ोर का अख़बारों में इंटरव्यू छपता। वह कहता कि हाँ, मैं चोर हूँ। उठाईगीर हूँ। सब हूँ। लेकिन मुझ पर हाथ कौन डाल सकता है? मुझे पकड़नेवाले भी दूध के धुले नहीं हैं। वे तो मुझसे बड़े चोर हैं। वे मुझे भी लूट

लेते हैं। पहले उनको पकड़ सको तो पकड़ो। फिर मुझे पकड़ना। ओ.के.! टा-टा, बाई-बाई!

यह कहते हुए उसके चेहरे पर मुस्कुराहट होती, जिसे कैमरे फ़ौरन बन्द कर लेते। यह कहते हुए उसकी बातों में गज़ब का आत्मविश्वास होता, जिसे संवाददाताओं की कलमें तत्काल दर्ज कर लेतीं।

हर बार आरोपों से बरी हो जाता। उसके अगले ही दिन वह किसी न किसी मन्त्री को माला पहनाता नज़र आता, किसी अफ़सर के दफ़्तर में उच्चस्तरीय चर्चा के लिए जाता दिखाई देता।

तब वह और बड़ी चोरी करता और उससे भी बड़ी सीनाज़ोरी करता और उससे भी बड़े 'आरोपों' से बरी हो जाता।

इस प्रकार एक दिन ऐसी स्थिति आई कि पुलिस उसे पकड़ने की बजाय, उसकी सुरक्षा के बारे में चिन्तित रहने लगी। उसके लिए ब्लैक कमांडो का प्रबन्ध करने के बारे में उच्चस्तरीय विचार-विमर्श होने लगे। अब उसे पुलिस से नहीं, अपने से बड़े सीनाज़ोर से ख़तरा था।

एकता का नया सबक

एक बाप था। उसके पाँच बेटे थे। सुबह-दोपहर-शाम लड़ते रहते थे लेकिन रात होते ही एकसाथ टी.वी. देखते थे।

बाप भी खुश था। बेटे भी खुश। लेकिन अन्तिम समय आया तो पिता को चिन्ता होने लगी। वह चाहता था कि ये सुबह-दोपहर-शाम भी न लड़ें और एक-दूसरे के ख़िलाफ़ एफ.आई.आर. दर्ज कराना और वापिस लेना भी बन्द कर दें। वह पूर्ण सद्भाव का पक्षधर हो गया था लेकिन बेटे उसके सुनते नहीं थे।

एक आदर्श पिता की तरह उसके मन में भी अपने बेटों को एकता का सबक सिखाने की इच्छा उत्पन्न हुई। उसे एक अकेली लकड़ी के टूट जाने और लकड़ियों के गट्ठर के न टूटने की कहानी याद आ गई। उसने इस कहानी पर अमल करते हुए पाँचों बेटों को आदेश दिया कि वे शाम को घर लौटते समय एक-एक लकड़ी ख़रीद लाएँ।

लकड़ी का ज़माना वह था नहीं। लाठी से भी काफ़ी आगे निकल चुका था। लेकिन गनीमत थी कि बाज़ार में फिर भी लाठी मिल जाती थी। सो हर बेटा पिता की भावनाओं का सम्मान करते हुए एक-एक लाठी ख़रीद लाया।

शाम को पिता ने देखा कि हर लड़का एक-एक लकड़ी के बजाय एक-एक लाठी उठा लाया है।

अपनी योजना में व्यवधान आता देखकर पहले तो उसे निराशा हुई लेकिन वह अनुभवी था। बूढ़ा था। जल्दी सँभल गया। उसने कहा—"चलो तुमने अच्छा किया। अब तुम सब कतार में खड़े हो जाओ। एक-एक लड़का आता जाए और मेरे सिर में लाठी मारता जाए। मेरे मरते ही मेरी समस्या हल हो जाएगी। बाकी रही तुम्हारी समस्याओं की बात तो तुममें से हर एक के पास एक-एक लाठी है और हर एक के पास एक-एक सिर है।"

पुत्र आज्ञापालक थे। पहले उन्होंने पिता का उद्धार किया। फिर एक-दूसरे का।

चुहिया और बिलाव की प्रेमकथा

एक चुहिया अपने बिल से बस बाहर निकलने ही वाली थी कि उसकी नज़र बिलाव पर पड़ी, जो कि बाहर ही खड़ा था। चुहिया ने खुदा का लाख-लाख शुक्र मनाया कि उसकी जान बच गई।

वह बिल में खड़ी-खड़ी बिलाव के जाने का इन्तज़ार करने लगी। बिलाव मगर जमा हुआ था। टस से मस नहीं हो रहा था।

चुहिया एकटक बिलाव को देखे जा रही थी कि यह मरा कब जाए और वह कब बाहर निकले। धीरे-धीरे वह भूल गई कि यह बिलाव है और वह स्वयं चुहिया है और दोनों में छत्तीस का आँकड़ा है। वह बिलाव के काले-सफ़ेद रंग, उसकी पीली–चौकन्नी आँखों, मूँछों, खड़े कानों, लम्बे पैरों, ऊँचे क़द पर मोहित हो गई। उसे महसूस हुआ कि यह है असली मर्द! एक मेरा चूहा है। बिलकुल बेकार। दो कौड़ी का।

वह बिलाव के प्रेम में दीवानी हो गई और निकल गई साजन से मिलने।

लेकिन बिचारे बिलाव को चुहिया का हाले-दिल क्या मालूम? उसे तो पता था कि वह बिलाव है और यह चुहिया है। इसका शिकार करना उसका धर्म है।

बिलाव धर्म निबाहने के लिए लपका। उधर चुहिया कहती रही–'बिलाव माई लव'।

कलाकार और जनता

—ए गायक!

—जी हुज़ूर!

—लगता है, तुम हमारी शान में आजकल गुस्ताख़ी कर रहे हो।

—मैं? हुज़ूर मैं? मैं भला ऐसा सोच भी कैसे सकता हूँ?

—तब तुमने हमारी शान में कोई नया राग क्यों नहीं बनाया?

—वो क्या है हुज़ूर, मैं जो भी गाता-बजाता हूँ, वह सब आपकी ही शान में तो होता है। मगर क्या बताएँ हुज़ूर, यह मुए जनतन्त्र का ज़माना है। यह मरी जनता कहती है कि हम राजा हैं अब, हमारी शान में गाओ-बजाओ, नए राग बनाओ। तो हुज़ूर, हम आपका ख़याल दिमाग़ में लाते हुए जो कुछ गाते-बजाते हैं, उसके सामने पेश कर देते हैं। आपसे ज़्यादा हुज़ूर इस बात को कौन जानता है कि जनता बेवकूफ होती है। वह समझती है कि हम उसी की शान में अपनी कला दिखा रहे हैं। बात दरअसल यह है हुज़ूर। आप तो खुद समझदार हैं। ही-ही-ही।

मामा-भांजा

वे मेरे एकमात्र मामा थे और मैं उनका एकमात्र भांजा। अपने कृष्णभक्त अध्यापक से जिस दिन मैंने कृष्ण की लीलाओं के बारे में सुना था, उसी दिन संयोग से मेरे मामा मेरे घर आ गए। वह मेरे लिए रसगुल्ले लाए।

मैंने लाड़ ही लाड़ में उनसे पूछ लिया—''मामा, मैं कृष्ण क्यों नहीं और आप कंस क्यों नहीं?''

मेरी माँ चूँकि देवकी नहीं थी, उसने तुरन्त हस्तक्षेप किया और मुझे एक तगड़ा चाँटा रसीद कर दिया।

मेरे पास रोने के अलावा अब कोई विकल्प नहीं था। अतः मैं रोया।

मेरे मामा चूँकि कंस नहीं थे, अतः उन पर इस स्थिति में यह दायित्व आ पड़ा कि वह मुझे बहलाएँ और फुसलाएँ और तुरन्त बाज़ार जाकर टॉफी दिलवाएँ। मैं चूँकि कृष्ण नहीं था, मैं भी टॉफी खाकर बहुत खुश हुआ।

पंडित घनश्याम

यह तब की बात है, जब इस देश में बहुत कुछ नहीं था। यहाँ तक कि संस्कृति की रक्षा के लिए मर-मिटने का रिवाज़ तक नहीं था। लोग यों ही बहुत मर जाते थे। जितने बचते थे, उन्हें मर-मिटने का ख़याल तक नहीं आता था।

तभी भारतभूमि पर पंडित घनश्याम अवतरित हुए। उन्होंने संस्कृति के लिए मर-मिटने का बीड़ा उठाया। उनके सद्प्रयासों से संस्कृति बच गई। वे भी बच गए। देशभर में पंडित घनश्याम का मान-सम्मान बहुत बढ़ गया। वे जहाँ जाते, लोग उन्हें फूलमालाओं से लाद देते। वे भी विनम्र थे, लद जाते।

एक दिन फूलमालाओं से उनका इतना ज़्यादा सम्मान हो गया कि उनकी गरदन की हड्डी टूट गई। बड़े-बड़े आयुर्वेदाचार्यों ने उनकी गरदन जोड़ने के प्रयास किए, असफल रहे।

हालत यह थी कि पंडित घनश्याम का सीना गर्व से फूला रहता था मगर गर्दन लटकी रहती थी। हार वह पहन नहीं सकते थे, भाषण वह दे नहीं सकते थे।

इस अवस्था में यह अस्वाभाविक नहीं कि उन्हें अपने जीवन का अन्त निकट दिखाई दे रहा था। पंडित घनश्याम के मन में एक बार आत्महत्या का विचार भी आया मगर ऐसा करना संस्कृति के विरुद्ध था।

इन दुर्दिनों में मलेरिया ने उनका साथ दिया। यह बताने का तात्पर्य यह है कि जीवन के किस मोड़ पर कब, कौन, कहाँ आपका साथ दे दे, यह पता नहीं। भले ही कोई पंडित घनश्याम हो!

आदर्शवादी पिता

मेरे पिता आदर्शवादी थे। उनका दुर्भाग्य कि उनकी मुलाक़ात हमेशा 'व्यवहारवादियों' से हुई।

जो भी मिला, 'व्यवहारवादी' ही मिला।

एक दिन उन्हें लगा कि उनकी खोज सफल हुई है। उन्हें 'आदर्शवादी' मिल गया है। लेकिन दूसरी ही मुलाक़ात में वह समझ गए कि यह भी 'आदर्शवादी' के चोले में 'व्यवहारवादी' है। आदर्शवादी तो वह खुद ही हैं बस।

जीवन के अन्तिम क्षण तक अपने जैसे 'आदर्शवादी' की खोज वह करते रहे मगर वह नहीं मिला।

मरते-मरते वह मुझसे कह गए कि बेटा, जब भी मुझ जैसा आदर्शवादी तुझे कोई मिले तो उसे ठोंक-बजाकर देखना। अगर वह सचमुच का आदर्शवादी निकले तो मुझे स्मरण करना। मैं फ़ौरन आ जाऊँगा। एक सच्चा आदर्शवादी मरकर भी नहीं मरता!

देखा, इतने आदर्शवादी थे मेरे पिता कि उन्हें अपना प्रतिरूप यानी मैं भी आदर्शवादी नहीं लगा वरना न वे मरते, न मैं उन पर हँसता!

हाथी और चूहा

1

वे हाथी को चूहा कहकर चिढ़ाते थे, मगर हाथी चिढ़ता नहीं था, क्योंकि उसे मालूम नहीं था कि वह हाथी है या चूहा है और हाथी को चूहा कहना वास्तव में उसकी हँसी उड़ाना है। इसलिए हाथी कभी उनकी बात सुनकर गुस्से से पागल नहीं हुआ।

लेकिन इससे ये हुआ कि वे पागल हो गए। वे हाथी को हाथी कहने लगे जबकि बच्चे उन्हें चूहा कहकर चिढ़ाते थे।

2

वे हाथी को चूहा कहते थे। इससे न हाथी अपमानित महसूस करता था, न चूहा गर्व से फूलता था।

एक दिन उन्होंने राजा को रंक कह दिया, तो राजा कुछ कहता या करता, इससे पहले ही रंकों ने उसे पीट-पीटकर अधमरा कर दिया कि साला हमारे राजा को रंक कहता है! कल से हमें राजा कहेगा तो भी इतना ही पिटेगा और साले की हड्डियाँ-पसलियाँ भी नहीं मिलेंगी।

हाथी के दाँत

हाथी के दाँत खाने के और तथा दिखाने के और थे लेकिन बच्चों को उसके दिखाने के दाँत प्रिय थे, क्योंकि वे सुन्दर थे। बड़ों को भी वे ही प्रिय थे, क्योंकि कीमती थे। एक बार बच्चे हाथी के पास गए। उन्होंने कहा, 'हाथी दादा, अपने दाँत हमें दे दो।'

हाथी ने कहा, 'खाने के तो दे नहीं सकता। दिखाने के चाहो तो ले लो।'

'हाँ-हाँ, हमें दिखाने के ही चाहिए। वे बड़े सुन्दर हैं। हम इनसे खेलेंगे।' बच्चों ने एक स्वर से कहा।

'लेकिन बड़े तुम्हें खेलने देंगे?' हाथी ने पूछा।

बच्चों ने कहा, 'क्यों नहीं, क्यों नहीं? बड़ों को हमारे खेलने से एतराज़ नहीं है। वे तो बस इतना चाहते हैं कि हम खतरनाक चीज़ों से न खेलें।'

हाथी ने व्यंग्य से मुस्कुराकर कहा, 'ये भी खतरनाक होते हैं।'

'नहीं, आप झूठ बोलते हैं। खतरनाक नहीं होते।' बच्चों ने उत्तर दिया। हाथी ने कुछ सोचकर कहा, 'अच्छा चलो, ले जाओ मेरे दाँत। बड़े जब मेरे दाँत माँगें तो कहना, हाथी से सावधान, हाथी को गुस्सा बहुत आता है। फिर भी वे माँगें दाँत, तो कहना, हाथी से सावधान, हाथी की पूँछ भले ही छोटी हो, उसके पाँव बहुत भारी होते हैं। वे आदमी को कुचल भी सकते हैं। फिर भी वे माँगें दाँत तो कहना, सावधान, हाथी को अपने दिखाने के दाँतों से भी उतना ही प्यार होता है, जितना कि खाने के दाँतों से, और हाथी दूर भी नहीं हैं। यहीं-कहीं हैं।'

बच्चे घर आए। हाथी के दाँत लाए। बड़ों ने देखा तो वे बच्चों के लिए बड़े-बड़े तोहफे, सुन्दर-सुन्दर खिलौने लेकर आए। उन्हें सैर कराने ले गए। बच्चे हाथी के दाँतों को भूल गए। बड़े हाथी के दाँत गुपचुप ले गए और उन्होंने अपना काम कर लिया।

उधर हाथी बहुत खुश रहा करता कि बच्चे उसके दाँतों से खेल रहे होंगे। एक दिन, जब वह बच्चों की खुशी का अन्दाज़ा लेने आया, तो बच्चे बड़े हो चुके थे।

एक कौए की मौत

एक कौआ प्यास से बेहाल था, वह उड़ते-उड़ते थक गया, कहीं पानी न मिला। आख़िर में उसे एक घड़ा दिखा। उसमें चुल्लू भर पानी था। कौआ खुश हो गया। उसने सोचा कि कंकड़ डालनेवाली पुरानी पद्धति अपनाऊँगा, पानी ऊपर आ जाएगा, मैं पी लूँगा।

कौए के दुर्भाग्य से वह महानगर था, वहाँ कंकड़ नहीं थे।

कौआ मर गया, पानी भाँप बनकर उड़ गया।

शान्ति-मार्ग

धोबी का कुत्ता न घर का, न घाट का। इस मुहावरे पर बहस हो रही थी। एक ने कहा, 'धोबी के कुत्ते की नियति पर हँसनेवाले हम कौन?'

दूसरे ने कहा, 'हाँ, हम कौन? हम भी तो कुत्ते से हैं।'

तीसरे ने कहा, ''कुत्ते-से मत कहो। कहो, कुत्ते हैं, कुत्ते हैं और धोबी के हैं।' इस पर सब हँस पड़े और अपने-अपने घर चले गए और उस रात सब मज़े से सो गए।

अगले दिन फिर मिले। एक ने दूसरे को छेड़ दिया, 'और कुत्ते? मेरा मतलब धोबी के कुत्ते।' इतना कहना था कि वह उस पर लात-घूसों से पिल पड़ा। उसे मार-मारकर अधमरा कर दिया, हालाँकि वह उसका मित्र था।

और हुआ यह कि सबने एक-दूसरे से मिलना बंद कर दिया। सबने माना कि सुख-शान्ति से रहने का यही एकमात्र उपाय है।

फल-1

एक आदमी बहुत सोचता था और बहुत सोचने से बहुत ग़रीब होता जाता था और ठीक इसी नतीजे पर पहुँचने से वह घबराता था।

उसकी पत्नी उसका इलाज़ कराने डॉक्टर के पास गई।

डॉक्टर का चूँकि बहुत-से मरीज़ों से वास्ता पड़ता था और बहुत से उनमें ग़रीब होते थे इसलिए डॉक्टर उन्हें फल खाने की सलाह अनिवार्य रूप से दिया करता था और वह खुद भी इस पर अमल किया करता था। डॉक्टर ने बहुत सोचनेवाले इस आदमी को भी खूब दवाइयाँ और खूब फल खाने की सलाह दी।

यह ऐसी सलाह थी कि जिस पर अमल करने के लिए बहुत सोचनेवाले इस आदमी की पत्नी को भी बहुत सोचना पड़ता और उसे भी पति का संक्रामक रोग लग जाने का खतरा था। इसलिए उसने अपने पति को उसके हाल पर छोड़ दिया जबकि पति सोच रहा था कि कितना अच्छा डॉक्टर है। फल खाने की सलाह दे रहा है और मेरी पत्नी कितनी घटिया है, कि फल नहीं ख़रीद रही है!

उसने पत्नी से क्रोध में कहा–"फल ला, नहीं तो तेरी जान ले लूँगा।"

जान तो वह पत्नी की क्या लेता, वह तो खुद कभी जान देनेवालों में था। वह पत्नी से खूब झगड़ा। वह रोज़ झगड़ता रहा, जब तक खुद उसकी जान नहीं चली गई और पत्नी अधमरी नहीं हो गई!

फल-2

एक युवक को बहुत भूख लगी थी, जबकि उसकी जेब में दस पैसे भी नहीं थे।

अमरूद के ठेले पर बहुत भीड़ थी। वह उस भीड़ में घुस गया और मौक़ा देखकर उसने एक अमरूद चुरा लिया।

कुछ दूर जाकर वह अमरूद खाने लगा।

अमरूद बहुत मीठा था। युवक को उसे खाने में बहुत मज़ा आ रहा था। इससे अमरूद को अपनी सार्थकता अनुभव हुई।

युवक अमरूद को जितना खाता जाता, अमरूद का उतना हिस्सा फिर से बन जाता। उसे जितना ही खाया जाता, उतना ही उसका स्वाद बढ़ता जाता।

युवक अमरूद खाता गया, खाता गया लेकिन खाने की भी एक सीमा थी। मगर वह अमरूद को जितना खाता जाता, उतना ही अधिक उसका स्वाद बढ़ता जाता था।

युवक ने इतनी और ऐसी स्वादिष्ट चीज़ कभी खाई नहीं थी। और ऐसी तो कतई नहीं जिसका स्वाद हर ग्रास के साथ बढ़ता जाता हो और फल कभी ख़त्म नहीं होता हो!

युवक को अमरूद इतना भा गया था कि आज तो वह इसे खा-खाकर मरने को भी तैयार था लेकिन खा-खाकर मरना इतना आसान नहीं था। एक और युवक भूखा था हालाँकि उसके कपड़ों से अन्दाज़ नहीं लगता था कि वह भूख से बिलबिला रहा है। वह इस दृश्य को बहुत देर से देख रहा था। जब उससे रहा नहीं गया तो उसने पहलेवाले युवक से अमरूद छीना और एक पार्क में जाकर उसे खाने लगा।

उस युवक के साथ भी यही हुआ। वह खाता जाता मगर अमरूद ख़त्म नहीं हो रहा था और उसका स्वाद भी हर बार मुँह में लेने पर बढ़ रहा था। उसने भी

खूब खाया। वह खाते-खाते ही घर गया। घर में उसकी पत्नी भूखी थी। उसने पत्नी को यह अमरूद दिया। पत्नी ने भी खाया। वह भी खाती चली गई।

सुबह उसने अपने बच्चों को भी यही अमरूद खिलाया। बच्चों ने भी खाया और डटकर खाया। फिर से उन बच्चों के पिता ने अमरूद खाया। फिर माँ को खिलाया।

उन्होंने अपने पड़ोसी को भी अमरूद खिलाया। पड़ोसी ने अपने पड़ोसी को भी यह अमरूद दिया।

तब तक यह अमरूद इतना प्रसिद्ध हो चुका था कि प्रधानमन्त्री ने उसे खुद खाने के लिए मँगवा लिया।

लेकिन प्रधानमन्त्री इस अमरूद को खाते, इससे पहले उनकी डॉक्टरी जाँच ज़रूरी थी। डॉक्टरों ने कहा कि इस अमरूद पर इतने ग़रीब लोगों के इतने दाँत लग चुके हैं कि इसे खाना मुनासिब नहीं है। यह ज़हरीला हो चुका है।

प्रधानमन्त्री ने यह अमरूद फिर भी अपने पास रखवा लिया और रात को चुपचाप खा लिया मगर अमरूद न तो उन्हें स्वादिष्ट लगा, न वह पहले की तरह कभी न ख़त्म होनेवाला रहा। दो ग्रास में ही ख़त्म हो गया।

प्रधानमन्त्री ने उसे खा तो लिया मगर शरीर में ज़हर फैलने का ख़तरा उन्हें दिखाई दिया।

वह परेशान हो गए लेकिन इससे किसी को क्या! होते-होते बात अख़बारों तक पहुँच गई और बात बढ़ते-बढ़ते इतनी बढ़ी कि बोफोर्स तोपों से भी आगे निकल गई। उन्हें त्यागपत्र देना पड़ा।

यह गप नहीं है। सच्चा किस्सा है। इसका सबूत यह है कि यह किस्सा इतिहास की किसी पुस्तक में नहीं मिलता!

घाव

एक दिन एक मज़दूर एक पेड़ से गिर गया। वह चोट खाकर उसी पेड़ के नीचे बैठा कराह रहा था। उसके घुटनों तथा कोहनियों से खून बह रहा था।

उधर से एक क्लर्क गुज़रा। आज उसने पहली बार पाँच रुपये की रिश्वत खाई थी। उस दिन उसकी आत्मा से खून बह रहा था।

पेड़ से गिरे, उस मज़दूर को देखकर उस क्लर्क के मन में सहानुभूति पैदा हुई। फिर उसे लगा कि यह मुझसे अच्छा है। यह तो पेड़ से ही गिरा है। मैं तो अपनी नज़रों से भी गिर गया हूँ। इसकी चोट से मेरी चोट गहरी है।

क्लर्क ने बहुत आग्रह करके उस मज़दूर को अपना भाई कहकर वे पाँच रुपये दे दिए ताकि वह अस्पताल जाकर मरहम-पट्टी करवा आए।

पेड़ से गिरे मज़दूर के लिए मरहम-पट्टी कराना ज़रूरी नहीं था। ज़रूरी था आटा-दाल। उसने पाँच रुपये आटा-दाल में ख़र्च कर दिए।

उसकी चोट ठीक हो गई। वह फिर पेड़ पर चढ़ने लगा।

क्लर्क ने मगर उस रास्ते से गुज़रना बन्द कर दिया।

युवक

एक बेकार युवक सड़क पर चला जा रहा था।

सामने से एक औरत अपने पाँच साला बेटे के साथ आ रही थी। बच्चा नंगे पाँव था। उसकी नाक भरी हुई थी।

बेकार युवक को उस बच्चे को देखकर अपना बचपन याद आ गया।

इतने में एक कार ने ज़ोर से ब्रेक मारा। युवक मरते-मरते बचा था। ग़लती उसी की थी। उसने अपना बचपन जो याद किया था!

एक बेकार युवक की जान बचाने के लिए कार के मालिक को इतना ज़ोरदार ब्रेक लगाने का कष्ट झेलना पड़ा था, इससे उसे बहुत गुस्सा आया, जो गालियाँ देकर भी नहीं उतरा।

कार का मालिक नीचे उतरा। उसने डरकर भागते युवक को दबोच लिया और चार झापड़ रसीद किए।

सड़क पर चलते लोग कुछ भी समझ नहीं आए। समझने की ज़रूरत थी भी नहीं।

कार चली गई। लोग भी चले गए।

युवक शर्मिन्दा होकर उस सँकरी गली की ओर चल दिया, जिस ओर जाने का उसका कोई इरादा नहीं था, लेकिन जहाँ कारें नहीं चल सकती थीं।

झूठी औरत

एक

'मैं तंग आ गई हूँ इन बच्चों से। जान ले लूँगी इनकी।' यह कहनेवाली माँ अभी-अभी अपने पति से झगड़ रही थी, 'बिना बच्चों के अकेले कहीं नहीं जाऊँगी। मेरा मन इनके बिना नहीं लगता।'

दो

'लोग तो एक-एक पैसे के लिए जान छोड़ते हैं। हमीं क्यों छोड़ें अपने दस रुपए! बिना माँगे पड़ोसी देनेवाले नहीं। हमें बेशर्म होकर माँगना पड़ेगा।'

यही औरत थोड़ी देर पहले अपने पति से कह रही थी, 'बेचारों की हालत खस्ता है। मुझसे तो देखा नहीं जाता। हम और तो क्या कर सकते हैं, उनके बच्चों को किसी-न-किसी बहाने घर बुलाकर खाना खिला देती हूँ।'

तीन

'तुमने दस की फिजूलखर्ची की, तो मैं बीस की करूँगी। मैं अब चौदह रुपए की सड़ी चप्पलें नहीं लानेवाली। चालीस-पचास की लाऊँगी।'

यही औरत सुबह कह रही थी, 'मुझसे नहीं होती तुम्हारे जैसी फिजूलखर्ची। मैं नई चप्पल कतई नहीं लानेवाली। दो कीलें लगवा लूँगी तो यह चप्पल महीने-दो महीने और चल जाएगी।'

आदमी और चिड़िया

चिड़ियों को गुमान हो गया था कि उन्हें हर कोई चाहता है। हर कोई उनके लिए दाने बिखेरता है। हर किसी को उनका चहचहाना पसन्द है। हर कोई उन्हें अपने घर में आने देता है। दुनिया में कोई भी नहीं है जो उनसे डरता है। बच्चे भी उनसे नहीं डरते। हर कोई उनके छोटे से आकार पर मुग्ध है। हर कोई उन्हें सुबह का पहरुआ मानता है। वगैरह-वगैरह।

उन्हें गुमान हो गया था कि वे कहीं भी जाएँ, इस दुनिया में कुछ भी हो जाए, वे अपना आकर्षण नहीं खोएँगी।

कहा गया है कि दुनिया में किसी का गुमान नहीं टिका है। जिसे भी गुमान हुआ है, समझो उसका पतन हुआ है।

ऐसा ही हुआ होगा कि आदमियों में अचानक वह समझ पनपी कि चिड़ियाँ तो हमसे बेहतर हैं। बिना कुछ करे, आराम से रहती हैं, दाने चुगती हैं और उड़ जाती हैं। हमारी परवाह नहीं करतीं। हमारा एहसान नहीं मानतीं। हमारी चिरौरी नहीं करतीं। यह तो हमारा अपमान है। यह तो सहन नहीं किया जा सकता।

उनका गुस्सा तब और भी बढ़ गया, जब उन्हें यह याद आ गया कि यह खेल तो हज़ारों वर्षों से चल रहा है। चिड़ियाँ हमारा शोषण लगातार करती आ रही हैं। हम लड़ रहे हैं, कट रहे हैं, मर रहे हैं, उत्पादन बढ़ा रहे हैं, पसीना बहा रहे हैं, और ये हैं कि आसमान में उड़ रही हैं, चुग रही हैं, घोंसले बना रही हैं, बरसात में नहा रही हैं, फुदक रही हैं, चीं-चीं कर रही हैं। न इन्हें ईश्वर से मतलब है, न ज्ञान से, न विकास से, न प्रगति से, न युद्ध से, न बाढ़ से, न सूखे से। न इन्हें अमरीका से मतलब है, न रूस से। न प्रदूषण से, न शुद्ध वातावरण से। बस इन्हें मतलब है तो अपने से। हम हैं कि हमें अपना मतलब रखने के लिए भी कितनों से मतलब रखना पड़ता है और ये हैं कि महारानी बनी हुई हैं। हमारे सिर पर सवार हैं।

यह तो नहीं चल सकता। कुछ करना होगा। क्या करना है, ये सब मिलकर सोचने लगे। सोचते रहे, सोचते रहे। बहस करते रहे, बहस करते रहे। आरोप-प्रत्यारोप लगाते रहे। अन्त में नतीज़ा यह निकला कि चिड़िया-विरोधी दस्ते अन्तर्राष्ट्रीय स्तर पर बनाए जाने चाहिए। इन दस्तों का काम होगा, इस बात का प्रचार करना कि हमारी वास्तविक शोधक हैं चिड़ियाँ। अब हमें इस सत्य का पता चल गया है। अतः इन्हें दाने डालने बंद किए जाएँ।

पहले यह बात सबको प्रेमपूर्वक समझाई जाए। जो नहीं मानें, उन पर आर्थिक दंड लगाया जाए। जो फिर भी नहीं मानें, उन्हें जेल में डाला जाए।

साथ ही इस बात का प्रचार किया जाए कि चिड़ियों का माँस सब खाएँ। वह सबसे गुणकारी है ताकि चिड़ियाएँ मरें और मरती चली जाएँ। अन्न बचे और बचता चला जाए।

दस्ते के सदस्यों के लिए चिड़ियों का मांस खाना अनिवार्य कर दिया गया। उनसे बाकायदा इसकी सार्वजनिक प्रतिज्ञा करवाई गई कि दस्ते का हर सदस्य कम से कम दस लोगों को चिड़ियों का मांस खाना सिखाएगा।

इस समारोह के फोटो अखबारों में छपवाए गए, टी.वी. पर दिखाए गए।

चिड़ियों को तो इस बात का पता नहीं था। उनका शिकार होता तो वे क्रोध और भय से चीं-चीं करतीं। लेकिन चिड़ियों का गुस्सा भी कोई गुस्सा होता है? कोई उस पर ध्यान देता है?

इस तरह एक-एक कर चिड़ियाँ मरने लगीं। बची हुई चिड़ियाँ चीं-चीं, चीं-चीं करने लगीं। उनकी चीं-चीं मनुष्यों को हमेशा से प्रिय लगती रही है। अब भी प्रिय लग रही थी। चहचहाहट लग रही थी। खुशी और आनन्द से भर रही थी।

लेकिन एक दिन देखा गया कि सारा आकाश चिड़ियों से भर गया है। जैसे सारे आकाश को चिड़ियों ने घेर लिया हो। आकाश का एक कतरा भी दिखाई नहीं दे रहा था। दिन या रात, पूर्णिमा या अमावस्या, बादल या तारों भरे आकाश का फर्क मालूम नहीं हो रहा था। चारों तरफ अँधेरा था। पता नहीं कहाँ-कहाँ से, किन दिशाओं से, किस-किस लोक से, किसके बुलावे पर इतनी सारी चिड़ियाँ आ गई थीं।

मनुष्यों का यह भ्रम टूट गया था कि चिड़ियाँ मर चुकी हैं। सारे चिड़िमारों के चेहरे एक थे। राजा चिन्तित थे, मन्त्री परेशान थे। अफसर हैरान थे, फोटोग्राफर बेहाल थे।

चिड़ियों ने अपनी चहचहाहट से पूरी धरती, पूरा आसमान गुँजा दिया था। वे रुकने का नाम नहीं ले रही थीं। कुछ चहचहा रही थीं, कुछ लगातार बीट कर रही थीं लेकिन सब आसमान में डटी हुई थीं। एक भी हट नहीं रही थी। धरती पर एक भी नहीं आ रही थी। सारी दुनिया चहचहाहट और बीट से भर चुकी थी।

धर्मप्राण लोगों की प्रार्थनाएँ धरी रह गईं। चिन्तकों का चिन्तन काम नहीं आया। तिकड़मबाज देखते रह गए। षड्यन्त्रकारी हार मान गए। स्थिति ज्यों-की-त्यों रही।

अँधेरा जितना घना था, उससे ज़्यादा घना लग रहा था। बिजलीघर बंद पड़े थे। मोमबत्तियाँ खत्म हो चुकी थीं। डीजल-पैट्रोल मिलना बंद हो चुका था। मिट्टी का तेल नदारद हो चुका था। अँधेरा छाता जा रहा था।

बूढ़े-बच्चों-औरतों के बाद जब जवान भी रोने लगे, कुत्ते भौंककर सारी दुनिया को हैरान करने लगे, हाथी चिंघाड़ने लगे, तो चिड़ियों का दिल पसीजा। चिड़ियाँ आसमान खाली करने लगीं। उजेला दिखने लगा। तारे नज़र आने लगे। चाँद घटने-बढ़ने लगा। बच्चे खेलने लगे। औरतें और मर्द खेतों पर काम करने जाने लगे। सड़कें साफ होने लगीं। प्रार्थनाएँ होने लगीं। बहसें चलने लगीं। जो चिड़ियों से चिढ़ते थे, दुनिया उनसे चिढ़ने लगी। चिड़ियाँ उड़ने लगीं। दाने खाने लगीं। घरों में आने लगीं। खुशी से चहचहाने लगीं।

●●●